ISAAC DE BRUN DE CASTELLANNE SEIGNEUR DE CAILLE DE ROUGON &c. agé de 37 ans en 1707.

FACTUM,

POUR Isaac de Brun de Castellanne, Ecuyer, fils de Scipion de Brun de Castellanne, Seigneur de Caille, de Rougon, & d'Entreverges, défendeur en cassation d'un Arrest qui a confirmé son Etat.

CONTRE la Dame Anne le Gouche sa tante maternelle, épouse du Sr André Rolland, Avocat General du Parlement de Grenoble; & le Sr Jean Tardivi, Conseiller en la Sénéchaussée de Grasse, demandeurs en cassation de l'Arrest contradictoire du Parlement d'Aix, les grand-Chambre & Tournelle assemblées, du 14 du mois de Juillet 1706.

A PARIS,
Chez JEAN-BAPTISTE DELESPINE, ruë S. Jacques, à l'Image S. Paul, proche la Fontaine S. Severin.

M. DCCVIII.

AVERTISSEMENT.

QVoy qu'il ne s'agisse point au Conseil du fond de l'Affaire de M. de Caille, il a esté jugé necessaire cependant de faire l'Histoire exacte & sincere du fait ; sur lequel est intervenu au Parlement d'Aix l'Arrest dont la cassation est demandée. Comme la plûpart des circonstances de ce fait ont esté changées, deguisées, ou alterées dans le Memoire imprimé de Madame Rolland, on a crû devoir les remettre dans leur estat naturel, afin de détromper le Public, & faire voir en même-temps que l'on n'avance rien dans le Factum de M. de Caille, qui ne se trouve justifié par les depositions des temoins des Enquestes faites de l'autorité du Parlement de Provence.

C'est pour cela que l'on a dressé les Tables qui sont à la fin du Factum ; elles sont tres-importantes. L'on y a énoncé les faits principaux du Procez, avec les numeros des temoins les plus considerables de l'une & de l'autre Enqueste qui en ont parlé. On ne les a pas mis tous, parce que cela eust esté trop embarrassant. Il y en a aussi quelques-uns de citez dans le cours du Factum, à la fin desquels on met un &c. pour ne pas trop charger les marges, en y en mettant un plus grand nombre.

Les Temoins de l'Enqueste de M. de Caille sont marquez par un C. *& ceux de l'Enqueste de Madame Rolland sont designez par un* R.

FACTUM,

POUR Isaac de Brun de Castellanne Ecuyer, fils de Scipion de Brun de Castellanne, Seigneur de Caille, de Rougon, & d'Entreverges, défendeur en cassation d'un Arrest qui a confirmé son état.

CONTRE la Dame Anne le Gouche sa tante maternelle, épouse du Sieur André Rolland, Avocat General du Parlement de Grenoble; & le Sieur Jean Tardivi, Conseiller en la Sénéchaussée de Grasse, demandeurs en cassation de l'Arrest contradictoire du Parlement d'Aix, les Grand'-Chambre & Tournelle assemblées, du quatorze du mois de Juillet 1706.

LA prévention est la plus grande ennemie de la Justice, parce qu'elle détourne de ses voyes ceux qui doivent la rendre; elle est d'autant plus dangereuse qu'on luy laisse prendre un empire dont on ne s'apperçoit pas, & qu'elle passe facilement de l'esprit dans le cœur; on est persuadé que dans une cause d'un aussi grand poids qu'est celle qui se presente, où tout le monde semble s'interesser; le public, en Juge équitable, ne prendra aucun party qu'aprés avoir vû & examiné les raisons de part & d'autre. Une affaire injuste ne doit pas estre jugée meilleure, parce qu'elle est soûtenuë avec adresse, & traitée avec esprit, sur-tout lorsqu'elle n'est appuyée que sur des faussetez. On sçait trop, pour s'y laisser surprendre, que l'artifice le plus recherché est toûjours le partage du mensonge; la verité aime à paroistre dans sa noble simplicité; & on ne la trouve jamais plus brillante que lorsqu'elle est sans ornemens.

Depuis qu'il y a des Juges établis pour decider du sort & de la fortune des hommes, il n'y a peut-estre jamais eu de cause plus importante, ni qui soit mêlée d'évenemens si singuliers que celle du Sieur de Caille.

On y voit la verité & le mensonge se combattre comme à l'envi, par des preuves qui touchent, qui surprenent, & qui paroissent convainquantes de part & d'autre. Un fils unique desavoüé par son pere; la fausse Religion surmonter la nature; de proches parens déchaînez pour faire perir un innocent, dont tout le crime a esté de s'estre rendu Catholique; une Nation entiere s'interesser à faire passer ce fils pour mort sur des apparences, dont on connoîtra sans doute l'illusion par un dénouëment qui tient du merveilleux.

Le défendeur dénué de tout secours, incapable d'aucune application, sans intelligence pour les affaires; est tombé dans de grandes fautes, dont il n'avoit pas prévû ni senti les consequences; la necessité l'a obligé de prendre certains états qui ne convenoient point à sa qualité; & dans quelques conjonctures, guidé par de mauvais conseils, il s'est étrangement oublié; tantost il a pris, pour se cacher, le nom de *Pierre Mege*, fils d'un Cardeur du lieu de Joucas, & tantost, ne pouvant supporter qu'on refusât à sa naissance les honneurs qui luy étoient dûs, il a repris son veritable nom, & s'est dit, *fils du Sieur de Caille* de Manosque.

Il a paru par les dépositions d'un grand nombre de témoins, que le deffendeur renfermoit en sa personne *deux fils du Sieur de Caille*, tres-differens par l'esprit, par la taille, par le visage; & en même-temps *deux Pierre Mege*, tres-dissemblables par la structure du corps.

L'on a voulu persuader que le deffendeur avoit deux femmes vivantes: l'une, s'il est permis de le dire, est d'une vie scandaleuse, qui pour le diffamer & le perdre, s'est hazardée deux fois de venir le reclamer jusques aux pieds de Sa Majesté, comme s'il estoit encore ce Pierre Mege dont il avoit emprunté le nom pendant son desordre: & l'autre, est d'une bonne famille, pleine d'honneur, que le deffendeur, comme veritable fils du Sieur de Caille a épousée, depuis l'Arrest confirmatif de son estat.

La sincerité & la franchise paroissent sur le visage & dans les manieres, aussi-bien que par les discours simples & non étudiez du deffendeur: mais la bonté de son cœur, la fermeté de sa contenance, & son genie incapable de soûtenir le personnage d'un homme supposé, font voir que c'est justement qu'il a triomphé de ceux qui le persecutoient; parce que *la verité & la justice* l'ont visiblement soûtenu contre ses plus cruels ennemis, pour luy conserver avec la vie, l'honneur de sa naissance, & la pureté de sa foy.

La plus grande peine que souffrira le deffendeur dans l'histoire qu'il va faire de ses malheurs, est d'estre obligé de découvrir des faits qui ne peuvent que déplaire à celuy qui luy a donné l'Estre. S'il n'estoit question que d'un interest civil, ou des biens de la fortune, quelque considerable qu'elle peust estre, le deffendeur se condamneroit luy-même à un perpetuel silence, plûtost que de donner le moindre chagrin à son pere ; mais comme il s'agit de deffendre un Arrest qui luy a rendu *son estat*, *& qu'il n'a esté persecuté que pour avoir embrassé la veritable Religion*, ce seroit en quelque façon abandonner sa foy, & violer celle qu'il doit à sa femme, aussi-bien qu'à sa famille, que de ne pas dévoiler devant le Tribunal auguste de Sa Majesté, toutes les veritez importantes de cette affaire, & de ne pas dissiper les nuages dont la malice des hommes s'estoit efforcée de l'envelopper.

Il ne s'agit plus de sçavoir, si le deffendeur est *fils du Sieur de Caille*, ou s'il est *Pierre Mege ;* c'est une chose decidée, *il est fils du Sieur de Caille.* Il n'est question presentement au Conseil, que de juger si l'Arrest contradictoire qui luy a rendu son estat, est susceptible de cassation ou non. Mais quoy qu'il ne s'agisse nullement de la question d'Estat au fonds, le deffendeur cependant se croit dans la necessité, avant de discuter les pretendus moyens de cassation, & d'expliquer ses fins de non-recevoir, de faire une peinture exacte, naïve & sincere de sa vie, afin de faire connoistre la verité, qui pour son malheur n'a esté que trop alterée.

FAIT.

SCipion de Brun de Castellanne, Seigneur de Caille, pere du deffendeur, est d'une noble, ancienne & riche famille de Provence : Ce Gentilhomme, avancé en âge, a succé avec le lait les erreurs de Calvin, ausquelles il a toûjours eſté aveuglement attaché ; capable de grandes entrepriſes, prompt & entier dans ſes reſolutions, il a eu toute ſa vie des paſſions tres-vives, qui ſe declareront aſſez dans la ſuite de ce recit.

Il épouſa en 1655. la Demoiſelle Judith le Gouche, de même Religion que luy. Il en euſt pluſieurs enfans : Le deffendeur eſt le ſeul fils legitime qui reſte. Il nâquit à Manoſque environ l'année 1670. & on luy donna le nom d'Iſaac ſur les Fonds Baptiſmaux.

On n'a pû ſçavoir préciſément le jour de ſa naiſſance ; parce que l'Acte de ſon Baptême a eſté détourné avec le Regiſtre des Huguenots de Manoſque, comme ſi par une prévoyance humaine on avoit voulu dès ce temps-là le tirer du Livre des vivans, de même qu'on voudroit aujourd'huy l'en oſter du nombre. Cependant, ſuivant la dépoſition de pluſieurs témoins de ſon enqueſte, on préſume 18. 17. 19.
qu'il peut eſtre dans ſa trente-ſix ou trente-ſeptiéme an- 33. &c. C.
née, puiſqu'ils declarent qu'en 1685. lorſque ſon pere & luy ſortirent du Royaume, il n'avoit que quatorze à quinze ans.

Le deffendeur n'eſt pas né heureux ; ſa phyſionomie paroiſt auſſi extraordinaire que les evenemens de ſa vie l'ont eſté juſqu'à ce jour. Il n'a pas eu les talens de l'eſprit, ni l'amour des ſçiences en partage : il a eſté ſujet dans ſon enfance à des fluxions fâcheuſes qui luy ont cauſé de grands 3. 4. 5. 8.
maux, ſur-tout aux yeux qu'il a toûjours eu, & qu'il a en- 14. 21. &c. C.
core tres-foibles ; cela joint à une delicateſſe de temperament, & à un caractere d'eſprit fort *volage*, luy donna une extrême averſion pour l'étude.

Il eſtoit, ſuivant les propres termes des témoins, ***d'un naturel badin & folâtre, d'un eſprit leger, toûjours preſt à faire ce qui ne convenoit point à un enfant de condition, com-***

27.51.52. *me il estoit.* Il avouë avec douleur, que dans sa jeunesse
54.64.72. 76.80.84. il a esté d'une humeur tres-difficile à gouverner, qu'il ne
85.86.&c. vouloit rien apprendre, qu'il n'a jamais pû s'assujettir à lire
C. ni à écrire; qu'à peine sçait-il signer son nom. Qu'au lieu de vouloir apprendre quoy que ce soit, il jetroit ses Livres avec emportement. Qu'à tous momens *il cherchoit querelle, & se battoit avec les enfans de son âge; & qu'il vivoit avec eux sans distinction.*

Ainsi il ne faut pas s'étonner, si nonobstant les égards qu'on avoit à Manosque pour le fils du Sieur de Caille à cause de sa qualité, il y eust un jeune homme qui dans son bas âge le blessa d'un coup de pierre dont il porte en-
23.24.25. core au-dessus du sourcil gauche la cicatrice qui a servi
42.43.47. depuis à le faire connoître quand le Parlement d'Aix a jugé
&c. C. son estat.

Quelque temps après cette blessure, la mere du deffendeur mourut. Ce fust une perte considerable pour luy, parce qu'il fust moins menagé, & plus exposé qu'auparavant à toute l'Antipathie de son pere. Les plaintes continuelles qu'on luy faisoit du deffendeur, joint à ce qu'il ne vouloit rien apprendre, firent que son pere le negligea & le méprisa extrêmement. Lorsque quelques parens, amis ou estrangers venoient le visiter, il faisoit aussi-tost
14.28.43. retirer le deffendeur, afin qu'il ne parut pas avoir un fils,
94 97. 107. &c. dont l'éducation ne luy faisoit pas honneur, & qu'il croyoit
C. indigne de luy succeder.

Ce furent là les premieres marques que le Sieur de Caille donna de l'éloignement qu'il avoit pour son fils; & cette aversion ne s'est que trop augmentée depuis, par l'inclination que ce fils témoignoit pour l'Eglise Romaine dont il veneroit les ceremonies, & qui marquoit à toutes rencontres le respect qu'il avoit pour les Religieux & pour les

Prestres. Il n'en falloit pas davantage pour déterminer un Calviniste aussi zelé que l'est le Sieur de Caille, non seulement à ne plus reconnoître son fils dans la personne du deffendeur, mais encore à l'enfermer, à le charger de coups, & à luy donner des noms insultans qui exprimoient jusques à quel excès il portoit sa haine contre les Religieux & contre son propre fils, qu'il disoit souvent estre plus à eux qu'à luy.

Le Sieur de Caille pere, suivant les mouvemens de son indignation contre ce fils malheureux, avoit prié ses parens & ses amis de même secte, de le maltraiter toutes les fois qu'ils le verroient entrer dans une Eglise : & un jour le Sieur de Caille luy-même ayant sçû qu'il y avoit esté, le poursuivit vivement. Le deffendeur en fuyant se laissa 24.25.34.
tomber rudement sur le genoüil gauche, où il avoit eu 42.43.47. 64. 69.
auparavant des humeurs froides, qui sont un mal de fa- &c. C.
mille. Cette chûte luy causa une tumeur si considerable, qu'il y falût appliquer le fer ; & les diverses cicatrices qui luy en sont restées, ont esté autant de témoins muets, & neanmoins tres-parlans de la rigueur de son pere, qui l'ont fait reconnoître pour ce même fils qu'il avoit poursuivi à cette occasion.

Le pere du deffendeur, voyant que quelques précautions qu'il eust prises pour reduire son fils à ce qu'il souhaitoit, il n'avoit rien pû gagner sur luy pour sa profession de foy, ni pour ses études, l'envoya à Geneve avec un homme de confiance. Il crût que le séjour qu'il feroit dans cette Ville, une des plus importantes qu'occupent les prétendus Reformez, pourroit le fixer à quelque chose, & luy donner plus de goût qu'il n'en avoit encore eu pour la Religion Protestante ; mais le deffendeur y fust à peine arrivé qu'il tomba malade, & la Dame de Caille son ayeule paternelle le fit auſſi-toſt revenir à Manoſque pour reprendre ſon air natal.

Le deffendeur eſt ſenſiblement touché de la dure, mais indiſpenſable neceſſité où il ſe trouve, de faire remarquer que le Sieur de Caille ſon pere ayant de ſecrets engagemens avec des Puiſſances étrangeres ennemies de la Couronne de France, eſtoit de plus ſi fortement attaché à ſa Religion, qu'il auroit ſacrifié ſans peine toutes choſes au monde pour en procurer le ſoûtient, & la propagation dans le Royaume.

Cette diſpoſition de cœur, & ces raiſons preſſantes le firent ſonger à ſe retirer dans les païs étrangers, dès qu'il pût connoître que la Religion Pretenduë Reformée alloit eſtre proſcrite en France, par le zele ardent que Sa Majeſté a toûjours eu pour la foy Catholique.

Il fuſt voir à ce ſujet M. le Marquis de Valavoire ſon intime ami, qui ayant fait ſon poſſible pour le détourner d'une reſolution ſi dangereuſe, le pria de luy laiſſer du moins ſon fils. Le Sieur de Caille pere rejetta cette propoſition comme ſi elle l'euſt porté à faire un ſacrilege; ſurquoy le deffendeur, qui eſtoit preſent, âgé d'environ
18. C. quatorze ans, luy dit : *Mais, mon pere, quand noſtre argent ſera fini, que deviendrons-nous ? Vous ſervirez*, dit le pere dans ſon entêtement contre la Religion Catholique, *vous ſervirez de Laquais, moy de Paleſernier, voſtre grand-mere & vos ſœurs de filles de Chambre.* Puis ſe retournant vers M. de Valavoire, il ajoûta : *Si ce malheureux vouloit*
38. 60. C. *demeurer pour changer de Religion, j'en ferois plûtoſt un ſacrifice.*

Cependant dans la juſte crainte où eſtoit continuellement le Sieur de Caille pere, d'eſtre ſurpris ſur les liaiſons étroites qu'il avoit avec des Princes Proteſtans, il feignit d'aller d'aller à ses Terres ; & après avoir fait charger sur des mulets tout ce qu'il avoit de plus précieux, & laissé le reste de ses effets à ses amis affidez, il prévint de quelques jours la publication de l'Edit du mois d'Octobre 1685. qui revoqua celuy de Nantes, & sortit brusquement de Provence avec un masque sur le visage.

En même-temps il fit partir par petites troupes, & par differens chemins la Dame sa mere, ses deux filles enfermées dans deux caisses en guise de balots, la Dame de Lignon sa sœur, avec ses enfans, & tous leurs domestiques. Ils arriverent à Nice. Le Sieur de Caille le pere y vendit sa vaisselle d'argent pour une somme considerable ; il passa ensuite à Geneve, & de-là se rendit à Lausane en Suisse, où il fixa son séjour.

Pendant cette marche le deffendeur ayant témoigné imprudemment à quelques domestiques le desir qu'il avoit de retourner en Provence, cela irrita si fort son pere, qu'étant arrivez à Lausane, lieu de retraite assurée, il recommença à le maltraiter beaucoup plus qu'auparavant, jusques à le tenir même à l'attache comme un malheureux esclave.

Dans cette triste situation le deffendeur chercha les moyens de s'échapper d'auprés de son pere. Il en avoit fait diverses tentatives en se cachant dans quelques maisons de campagne aux environs de Lausane, d'où on l'avoit 69. C.
fait revenir. Mais le Sieur de Caille le pere n'esperant pas de pouvoir le retrouver toûjours, appréhenda qu'à la fin ce fils, qu'il regardoit comme dénaturé à son égard, ne revint en France pour s'y rendre Catholique ; c'est ce qui l'engagea dés-lors à prendre des mesures avec le Sieur Rolland son beaufrere, pour empêcher que le deffendeur ne joüit jamais des biens qu'il avoit laissez en Provence.

53. 154. 340. C. Le deffendeur cependant persistoit toûjours dans un ardent desir de revenir en sa patrie, ne voyant personne à Lausane qui parlât de Provence, qu'il ne le luy témoignât. Il luy échapoit même de s'en expliquer trop franchement & sans précaution devant son pere ; & comme un Provençal vint à dire un jour devant luy au Sieur de Caille, & à la Dame sa mere, *qu'on les regrettoit fort à Ma-*
55. C. *nosque*, le deffendeur repartit tout haut, *J'espere bien de m'y voir un jour.* Surquoy son pere le prit par les cheveux, le maltraita cruellement, en luy disant : *Malheureux, je sçauray bien, en te cassant les bras & les jambes, t'ôter l'envie de t'en retourner.* Une pareille envie dans le deffendeur, jointe à la repugnance naturelle qu'il avoit d'aller au Prêche, acheverent d'aliener entierement l'esprit de son pere, & d'animer tellement sa colere contre luy, qu'en luy donnant sa malediction, il le frappoit à coups de nerfs de bœuf avec tant de violence, qu'il luy en reste encore quelques
216. 320. C. marques sur le corps. Il le fit enfermer, & le tint plusieurs jours au pain & à l'eau, faisant croire *qu'il estoit devenu fol*, ce qui étoit capable de le conduire en effet à une veritable folie, & même à la mort.

Mais soit que le Sieur de Caille apprehendât que le procedé inhumain qu'il tenoit avec ce fils infortuné, ne fut blâmé comme trop cruel, soit qu'il eût formé quelqu'autre dessein sur luy, comme il y en a eu de grands soupçons, qui se découvriront peut-estre plus à fonds dans la suite, il le mena de Lausane à Geneve en l'année 1690.

Ce fut en ce temps-là que le Sieur Rolland, qui depuis quelques années avoit abjuré la Religion Protestante, arriva à Geneve pour apporter de l'argent au Sieur de Caille son beau-frere. Le deffendeur le vit alors pour la premiere fois, & fut témoin qu'il fit la Cene dans le grand Temple de cette Ville.

Le Sieur Rolland d'abord, aprés un coup si hardy pour un Officier de Cour Superieure nouvellement converti, se retira promptement de Geneve. Aprés son départ le Sieur de Caille pere enferma le deffendeur dans une Ecurie, où il n'avoit qu'un peu de paille pour se coucher, le faisant
jeûner au pain & à l'eau : Mais il se délivra bien-tost aprés 1. 23. 69.
de ce triste état par le secours d'une servante, qui eût 83. 84. 102. 138.
pitié de sa misere, & luy donna moyen de s'évader au mois 146. 154.
de Decembre de la même année 1690. 248. 264.
&c. C.

Au sortir de Geneve le deffendeur trouva des Muletiers qui alloient en Piedmont. Il fut rencontré ensuite dans le païs par des Barbets qui l'enrôllerent pour le Duc de Savoye dans le Regiment de Saluffes. Il demeura quelque temps à Turin, où il fit connoissance avec le nommé 208. 120.
Silvy, qui le reconnut depuis à Toulon, & qui le servît 234. C.
même utilement en son affaire, jusqu'à ce que le Sieur Rolland l'eut enlevé au deffendeur, & l'eut engagé dans ses interests, comme il a esté justifié au procés.

A quelque temps de-là le deffendeur fut pris par un party 186. 229.
de l'Armée du Roy, commandée par *M. le Maréchal de* C.
Catinat : ayant demandé à parler à ce General, il luy dit : Qu'il étoit le fils du Sieur de Caille, les raisons qu'il avoit euës de quitter son pere, la necessité où il avoit esté de s'enrôler parmi les ennemis ; & luy demanda la permission de revenir en France. M. le Maréchal de Catinat la luy accorda, & luy donna un Passeport, par le moyen duquel il fust à Nice, où il se mit dans la Milice de Provence. Le deffendeur ne fit pas connoître d'abord qui il étoit : mais peu aprés sa qualité se manifesta d'elle-même à tout le monde, par un coup de hazard assez particulier.

Un jour que M. le Chevalier de la Fare, Gouverneur 208. 229. C.

de la Ville de Nice, devoit donner à dîner à des personnes de distinction, le deffendeur fut mis en sentinelle à la porte du jardin du Palais : il vit passer un bassin d'argent à vuide, qu'il reconnut avoir esté à son pere par les Armoiries qui y étoient encore gravées ; attendri par la vûë de cet objet, il ne pût retenir ses larmes. On luy demanda le sujet de son affliction, ses pleurs redoublez furent sa premiere réponse ; ensuite il tira de sa poche son cachet où étoient les mêmes Armes, & declara qu'il étoit le fils du Sieur de Caille, à qui ce bassin avoit appartenu. Le Gouverneur averti de l'avanture, voulut voir le Soldat ; il l'interrogea sur plusieurs faits concernant sa famille, & luy fit honnesteté.

Peu de temps aprés la Milice de Provence fut congediée. Le deffendeur se rendit à Marseille ; son malheur voulut qu'il fit connoissance avec des femmes nouvellement converties, qui dans le fonds étoient encore Huguenotes. L'une étoit la mere, d'autres les sœurs, & la derniere nommée *Honnorade Venelle*, étoit la femme de *Pierre Mege*, fils d'un Cardeur du lieu de Joucas, dont le pere avoit été condamné aux Galeres pour fausse monnoye.

Le deffendeur étoit jeune & sans experience ; on luy fit craindre la rigueur des Ordonnances, qui condamnent à mort ceux des Reffugiez qui venoient des païs Etrangers sans avoir abjuré leur Heresie ; ce qui l'obligea de se tenir caché , & à la persuasion de ces femmes , de prendre le nom & la place de *Pierre Mege* qu'elles croyoient mort.

Il s'enrôla sous ce faux nom de *Pierre Mege*, sur la Galere la Fidele ; il y ajoûta seulement ce mot de guerre, dit *sans regret.* Il passa quelques années dans ce déplorable état, qui a été certainement la plus honteuse epoque de sa vie : il n'avoit pas moyen de subsister ; il fit d'un Baume & des onguents dont sa grand'mere de Caille luy avoit appris le ſecret dans ſa jeuneſſe, en l'y faiſant travailler avec elle : il en debita aux *Baſtides* ou maiſons de campagne du terroir de Marſeille, dont il retira quelque argent.

Depuis ayant quitté le ſervice ſur les Galeres, il alla à Toulon, où il s'engagea au Sieur de Ligondez pour Soldat ſur les Vaiſſeaux, toûjours ſous le nom de *Pierre Mege dit Sans-Regret.* Il y avoit dans cette Ville un Menuiſier appelé *Jean-Pierre d'Amphoux*, qui avoit eſté autrefois Domeſtique du Sieur de Caille pere, ſous le nom de *la Violette* : Il reconnut le deffendeur pour le fils de ſon ancien Maître, le détourna de ſes égaremens, & luy conſeilla de faire ſon
abjuration ; ce qu'il fit ſous la direction du R. P. de la Fare 15. 17. 26.
Jeſuite, entre les mains du grand Vicaire du Sieur Evêque 69. 188.
de Toulon, le dix d'Avril 1699. & depuis, pluſieurs perſon- 193. 194. &c. C.
nes, même de ſes plus proches, le reconnurent ; & il n'a eſté deſavoüé que par ceux qui eſtoient en poſſeſſion de ſes biens, ou qui pouvoient y avoir quelque prétention.

Le Sieur Rolland, & ſes autres parens qui joüiſſoient des biens du Sieur de Caille en Provence, avoient des gens affidez qui veillans continuellement ſur le deffendeur, luy tendoient des pieges, & tâchoient de luy faire faire quelques fauſſes démarches pour le perdre. Dés qu'ils eurent appris qu'il avoit abjuré le Calviniſme, ils reſolurent de le traiter d'impoſteur.

Le Sieur de Caille le pere, de concert avec ſes parens, qui ſans doute ſont encore dans le cœur de même Communion que luy, pouſſez par les motifs d'un intereſt commun, chercherent tous les moyens imaginables pour perdre le deffendeur ; juſques là qu'ils voulurent, par un contraſte aſſez bizarre, perſuader que le deffendeur, comme fils du ſieur de Caille *eſtoit mort*, & comme Pierre Mege, qu'il *eſtoit vivant.*

Il ne fut pas difficile à des gens puiſſans, & accreditez chez les Proteſtans, de faire faire, ſans appeler partie, ni ſans Ordonnance d'aucun Juge ſaiſi de la conteſtation, des Enqueſtes en Suiſſe, composées la plûpart de Proteſtans refugiez des Cevennes, qui ont témoigné, *que le fils du Sieur de Caille eſtoit mort de Phtiſie à Vevay le 15. Fevrier 1696. pour s'eſtre trop appliqué aux Mathematiques.* Cependant le deffendeur a prouvé par vingt-trois dépoſitions qui ont eſté rapportées au Procez, qu'il s'eſtoit ſauvé de Geneve, & qu'il y avoit du myſtere dans cette prétenduë mort : il a fait connoiſtre, par une infinité de témoignages conſtans & indubitables, qu'il eſtoit veritablement fils du Sieur de Caille; & que bien loin d'avoir ſçû les Mathematiques, il n'avoit jamais pû s'appliquer à lire ny à écrire à cauſe de ſes infirmitez ; & il declare de plus, que de ſa vie il n'a eſté à Vevay.

Neanmoins ſur ces prétenduës Enqueſtes, ſoûtenuës par l'artifice & les intrigues du Sieur Rolland, il y eut d'abord un Ordre de la Cour pour tenir aux arreſts ſur l'Amiral, *le Soldat des Vaiſſeaux nommé de Caille.* On n'oublia rien deſlors pour tâcher de le faire paſſer pour deſerteur, & le faire perir par un Jugement Militaire. Il rencontra pour ſon bonheur, parmi les principaux Officiers de la Marine, des perſonnes integres & éclairées, & entr'autres M. le Chevalier d'Infreville premier Chef d'Eſcadre, qui eurent la genereuſe charité de le proteger. Mais ſes adverſaires firent venir un nouvel ordre pour le remettre entre les mains des Juges de la Seneſchauſſée de Toulon.

C'eſt dans ce premier Siege qu'a commencé *l'action criminelle en ſuppoſition de nom & de perſonne* contre le deffendeur. Il y euſt d'abord des Informations contre luy : il y trouva des Juges intereſſez, prévenus & ſuſpects, qui ne voulurent point entendre des témoins de sa part, mais seulement de celle des Parties adverses.

Il presenta deux Requestes afin d'estre conduit à Manosque lieu de sa naissance pour y estre reconnu, ce qui luy fust accordé. Neanmoins parce que les Juges de Toulon ne peurent aller faire cette procedure hors de leur ressort, ils rendirent des Ordonnances sur ses propres Requestes, des 21. & 27. Novembre 1699. portant, *que le deffendeur répondroit sur les Informations.*

Il appela de ces Ordonnances, & par une autre du second Decembre suivant, il fust dit, que les Requestes des 21. & 27. Novembre seroient jointes au Procez Criminel.

Le lendemain troisiéme Decembre il fust prononcé par le même Juge, que les témoins de la Dame Rolland qui avoient esté entendus, & ceux qui ne l'avoient pas esté, & *estoient à oüir*, seroient recolez & confrontez avec l'accusé.

Mais une Procedure si précipitée & si peu juridique fust arrestée par l'appel des Ordonnances des 21. & 27. Novembre, que le deffendeur releva au Parlement d'Aix le 4. Decembre suivant.

Il importe de remarquer, que les Parties ayant plaidé sur cet Appel, il intervint Arrest au Parlement de Provence *le 13. Janvier 1700. qui renvoya le Prisonnier aux premiers Juges de Toulon pour y continuer la Procedure Criminelle jusqu'à Sentence diffinitive inclusivement.* On fera voir que l'inexecution de ce Jugement n'est arrivée que par le propre fait du Sénechal de Toulon & des Parties. *Arrest du 13. Janvier 1700.*

Sur ce renvoy il fut procedé extraordinairement; & il y eust des Conclusions à mort contre le deffendeur : mais par Sentence du *huitiéme Mars 1700.* le premier Juge renvoya les Parties au Parlement pour y proceder sur les Appellarions interjettées de ses divers Decrets precedens.

La Dame Rolland appela incidemment de ce Jugement au Parlement d'Aix, par *Requeste du 24. du mesme mois de Mars 1700.* & le deffendeur par *Requeste du 5. May suivant, releva l'Appel par luy interjetté dés le premier Decembre precedent, de la Permission d'informer, comme de la Procedure faite en consequence contre luy, & de tout ce qui s'en estoit ensuivy.*

Arrest du 18. Juin 1700. Surquoy intervint Arrest contradictoire de la Cour, la Grand'Chambre & Tournelle assemblées, par lequel il „ fust ordonné : „ Qu'avant dire droit aux Appellations, „ fins & conclusions des Parties, sans préjudice du Droit d'i- „ celles, & des preuves resultantes du Procez, & sans que les „ qualitez puissent nuire ny préjudicier aux Parties ; *A per-* „ *mis & permet audit Soldat de prouver par toute sorte de ma-* „ *niere de preuves, estre Isaac de Brun de Caille, fils de Scipion* „ *de Brun de Caille*, & partie au contraire si bon luy semble „ dans trois mois, pour ce fait communiqué au Procureur „ General du Roy, & rapporté, estre ordonné ce qu'il appar- „ tiendra par raison, dépens reservez.

Depuis cet Arrest rendu sur la propre Requeste de la Dame Rolland du 25. Juin, tendante afin d'execution du precedent Arrest, par laquelle elle demanda elle-même d'avoir M. de Boyer pour Rapporteur; il intervint encore *Arrest du 28. Juin 1700.* un autre Arrest aussi contradictoire du même Parlement le 28. Juin 1700. par lequel il fut ordonné entr'autres cho- „ ses : „ Qu'il seroit procedé à l'execution du precedent Ar- „ rest par M. de Boyer Conseiller, tant en la Ville d'Aix „ que hors d'icelle, pendant les Vaccations, & à ces fins „ accedera sur les lieux ; & permis à la Dame Rolland & „ Consorts de faire proceder à leur Enqueste contraire, con- „ formément à l'Ordonnance, & à l'Arrest, à leurs frais & dépens ;

dépens : Enjoint au Geolier de traduire à bonne & sauve- «
garde le Prisonnier à la suite du Sieur Commissaire, pour «
estre representé aux témoins si besoin est, & pour le sur- «
plus des fins de la Requeste de la Dame Rolland & de ses «
Consorts, pour faire commettre les Officiers *in partibus*, «
hors de la Monarchie : Ordonne que ladite Requeste sera «
mise dans le Sac, pour en jugeant le Procez y estre fait droit «
s'il y écheoit. «

Il y a eu diverses Requestes volontairement données par les Parties à fins diffinitives au Parlement d'Aix. Le deffendeur a esté pendant prés de huit ans dans une pri- 189. C.
son, qui au commencement fut tres-dure, puisqu'à Toulon on l'avoit fait mettre, sans sujet, dans un cachot d'une infection affreuse ; ce qui marque combien le deffendeur y estoit exposé à la rage de ses ennemis. Il en a ressenti de si terribles effets, que c'est par une espece de miracle qu'il est encore au monde, aprés tous les efforts qu'ils ont faits, & les moyens qu'ils ont mis en usage pour l'en ôter.

Depuis que le Parlement de Provence a connu de son 42.43.69.
affaire, plus de six cens témoins ont esté oüis en Justice. 272. 300. 371. C.
Presque tous l'ont reconnu pour le fils du Sieur de Caille à l'air 33. 43. 50.
de son visage, à un os pointu qu'il a derriere la tête comme son 51. 61. C. 10. 23. 24.
pere, à ses cheveux bruns & abbatus, à la marque d'un coup 25. 42. 43.
de pierre sur le sourcil gauche, aux cicatrices de deux coups de 47. 117. 124. C.
lancettes qu'on luy donna sous les yeux pour les fluxions qu'il 50. 69. 111.
y avoit, à une oreille qu'il avoit apportée en naissant, entie- 300. C.
rement collée à la tête, d'où on l'a detachée par une operation 34. 42. 43.
de Chirurgie, aux marques des maux considerables qu'il avoit 80. 120. C.
eus au genoüil, & à un pied dont il fait voir les cicatrices ; à 24. 25. 47. 64. 69. 80.
sa taille mince, à ses yeux chargez, à sa voix gresle & feminine, 104. 124.
& enfin à tous ses gestes & façons d'agir. 35. 170. C. 3. 4. 5. 8.
[illegible] 29. 50. 51. 54. 58. 61. 94. 95. 93. 81. 116. &c. C.

62.63.73. 150. 151. D'autres qui avoient connu le veritable *Pierre Mege*,
167. 179. sont demeurez d'accord ,* *que le deffendeur ne l'estoit pas ;*
208. 229. parce que *Pierre Mege estoit d'une figure & d'un âge tout*
362. 363. *different. Il tomboit du haut-mal, il avoit de larges épaules,*
365. 368. 372. &c. *une moustache noire & épaisse, une voix mâle, des jambes ren-*
C. *forcées, une taille basse , une verüe grosse comme une noisette*
* 98. 155. &c. R. *en un endroit secret ;* ainsi l'on reconnût que le deffendeur,
qui n'a point les incommoditez de *Pierre Mege* , qui est d'une taille haute & mince, a les jambes menuës, & n'a point de barbe, n'estoit nullement celuy pour qui on le vouloit faire passer.

Le deffendeur fut depuis conduit par le Sieur de Boyer Commissaire, à la Ville de Manosque lieu de sa naissance, où il fut reçû avec des acclamations publiques, & reconnu pour le vray fils du Sieur de Caille par plus de dix mille personnes de tous âges, de tous sexes, & de tous estats, comme citoyens, voisins & compatriotes , qui l'avoient familierement vû & frequenté depuis son bas âge jusques au temps de sa sortie hors du Royaume en 1685. qu'il avoit 14. ou 15. ans.

On luy trouva de l'air de ses parens & parentes. La Dame Rolland elle-même, qui est sa tante maternelle, porte sur son visage , malgré les précautions qu'elle prend pour s'en deffendre, la preuve vivante que le deffendeur est son neveu, par la ressemblance visible qu'il y a entr'eux.

D'ailleurs il a des marques secrettes & ineffaçables qui le distinguent de tous les autres hommes ; de sorte qu'il n'estoit pas possible à des yeux sinceres & non prévenus de le méconnoître ; & l'on peut dire qu'il n'y a jamais eu de preuve plus complette ny plus convainquante que celle qui l'a confirmé dans son Estat.

Les demandeurs d'un autre costé firent leur preuve la

plus forte qu'ils pûrent. Le Sieur Rolland n'oublia rien de
ce qu'il sçavoit dans la pratique des Procedures; il indiqua
divers témoins recherchez avec soin, pour faire croire par
leurs depositions affectées que le deffendeur étoit *Pierre* 52. 65. 67.
Mege de Joucas, & non *le fils du Sieur de Caille de Manos-* 134. 185. 190. 196.
que. Mais il a esté justifié au Procez, que la plûpart de 199. 211.
ces témoins mandiez avoient esté subornez par le Sieur Rol- 213. 214. 219. 229.
land ou ses emissaires; qu'on en avoit justement reproché 238. 240.
la plus grande partie; qu'il y avoit eu plusieurs fausses pieces 244. 245. 258. 267.
produites. Il fut verifié de plus, par des rapports d'Experts 270. 278.
acquiescez, & contre lesquels on ne s'est point pourvû, 279. 280.
que le Sieur Rolland, qui par son devoir & sa qualité d'A- 290. 294. 295. 297.
vocat General d'un Parlement est la partie publique con- 349. &c.
tre les faussaires, avoit fait un tres-grand nombre d'altera- C.
tions de sa propre main, sur-tout dans le Cahier des revelations des témoins dont il avoit composé sa prétenduë
preuve : & comme ces revelations faites au sujet d'un Monitoire, sont des choses sacrées, & qui doivent estre d'un
secret impenetrable, le Curé de Roussillon qui les avoit
reçûës, & qui estoit complice des alterations que le Sieur
Rolland y avoit faites, par la lâche complaisance qu'il avoit
euë de les luy abandonner, a esté pour cela decreté de
Prise de corps.

On découvrit encore que le même Sieur Rolland avoit 74. 180.
séduit & corrompu ceux qui avoient la conduite des affai- 181. 201. 203. 229.
res du deffendeur, qu'il avoit suborné un grand nombre 232. 234.
de témoins, pour leur faire soûtenir qu'il estoit *Pierre Mege* &c. C.
de Joucas, mary d'Honnorade Venelle; & qui pour le faire 179. 188. 189. 207.
condamner comme un scelerat, l'accusoient de plusieurs 217. 273.
crimes que le veritable Mege avoit commis : enfin on dé- 326. &c. C.
couvrit que par le plus noir procedé du monde, le Sr Rolland 187. 193.
avoit fait attenter par le fer & par le poison sur la vie du def- 208. 221. &c. C.
fendeur.

On n'accuse pas cependant de fausseté generalement tous les témoins qui reconnoissent le deffendeur pour *Pierre Mege*; mais comme ils n'ont point connû le veritable Mege, & qu'ils n'ont vû le Sr de Caille que dans le temps qu'il avoit pris ce nom, il n'est pas extraordinaire qu'ils declarent ce qu'ils ont crû; ils avancent des choses qui ne sont pas vrayes, mais qu'ils ont crû telles, sans être pour cela des faux témoins; ainsi l'on voit aisément que cela n'est pas capable de nuire au Sr de Caille.

Le Parlement d'Aix instruit à fonds par un Examen & par des Procedures de huit années, de cette Question d'Etat aussi fameuse qu'importante, rendit, la Grand'Chambre & la Tournelle assemblées, son Arrest contradictoire le 14. Juillet 1706. au Rapport du Sieur Boyer d'Aguilles, un des plus éclairez & des plus integres Magistrats de cette Cour. Comme le Dispositif de cet Arrest est une chose essentielle dans cette affaire, on le rapporte icy en propres termes.

Arrest du Parlement d'Aix, du 14. Juillet 1706.

„ „ Tout considere', dit a esté, Que LA COUR
„ faisant droit sur toutes les fins & conclusions des Parties, a
„ mis & met l'Appellation dudit André d'Entreverges de
„ Rougon de Caille, cy-devant Isaac, de la Procedure con-
„ tre luy faite à la requeste de ladite le Gouche, Tardivi &
„ Consorts, & ce dont est appel au neant: Et par nouveau
„ Jugement a declaré & declare ladite Procedure, & tout ce
„ qui s'en est ensuivy nuls, & comme tels les a cassé & casse;
„ comme aussi a mis & met les autres Appellations, tant
„ dudit d'Entreverges, que de ladite le Gouche, Tardivi &
„ Consorts, des Sentences, Ordonnances & Decrets, & ce
„ dont est appel au neant: Et par nouveau Jugement, sans
„ s'arrester aux Lettres Royaux, ny aux demandes & Re-

questes de ladite le Gouche, Tardivi & Consorts des 13. & « 15. Septembre, 1. & 8. Octobre, 15. & 20. Novembre 1699. « 20. May, 25. Juin, & 17. Decembre 1700. dont les a démis « & débouttez ; *A declaré & declare ledit André d'Entreverges, estre le veritable Isaac de Brun de Castellanne, fils de Scipion de Brun de Castellanne Sieur de Caille & de Rougon, & de Judith le Gouche ses pere & mere :* Et au moyen de ce, « son Ecrouë sera barré par le Greffier Criminel de la Cour, « ou son Commis : Et faisant droit à sa Requeste d'opposition du seize Decembre 1699. sans s'arrester à l'Arrest du 30. « Juin 1690. luy a adjugé & adjuge tous les biens & heritages « de sesdits pere & mere, avec restitution de fruits depuis « le seize Decembre 1701. & dommages & interests le tout « à connoissance d'Experts accordez ou pris d'Office par le « Commissaire Rapporteur du present Arrest ; & à ces fins « enjoint aux Detempteurs desdits biens de les luy vuider, « leur faisant inhibitions & deffenses de l'y troubler, à peine « d'en estre informé ; & en ce qui est des Requestes dudit « Isaac de Brun de Castellanne des 5. May 1700. 17. Fevrier « 1701. 12. Juillet & 7. May 1704. & 4. Janvier 1706. *Tendantes à faire informer contre le Sieur Rolland Avocat General au Parlement de Grenoble & Consorts, en subornation des témoins, calomnie, corruption de domestiques, faussetez & empoisonnement, & en dommages & interests, ordonne qu'il en poursuivra les fins aux Chambres assemblées, ainsi qu'il appartient.* Et sur les autres fins & conclusions des Parties, « les a reciproquement mises hors de Cour & de Procez ; condamne ladite le Gouche, Tardivi & Consorts, à tous les « dépens des Instances & Arrests ; Ordonne en outre, que « Joseph Fauque du Colombier, Prêtre, Prieur de sainte « Anne, & Curé de Roussillon ; Joseph Perier Notaire de « Rougon, Antoine Audibert Meunier dudit lieu, Loüis Rey «

„ de S. Martin de la Brasque Cabaretier resident à Manosque;
„ seront pris & saisis au corps, menez & conduits à bonne &
„ sûre garde aux Prisons Royaux de ce Palais, pour y estre
„ détenus jusqu'à ce que autrement soit dit & ordonné; &
„ ne pouvant estre appréhendez seront assignez & criez à la
„ forme de l'Ordonnance, audit cas leurs biens immeubles
„ seront saisis & annotez sous la main du Roy par description
„ & Inventaire, & les autres regis par sequestres & Commis-
„ saires à la maniere accoûtumée : Claude Funel & la femme
„ d'Antoine Audibert seront adjournez en personne; & Croi-
„ set cy-devant Commissaire General des Galeres son Com-
„ mis, qui a écrit l'Extrait des deux Enrôlemens de Pierre
„ Mege du 23. Avril 1683. & cinq Mars 1695. couchez dans
„ une même feüille, signez Croiset, expediez le 27. Novem-
„ bre 1699. Lardeirety Notaire de Manosque, & Jacques Cou-
„ let Notaire du Martigues, seront assignez pour répondre
„ pardevant le Commissaire à la diligence du Procureur Ge-
„ neral du Roy, demeurant la Partie civile en qualité si bon
„ luy semble, pour ce fait communiqué audit Procureur Ge-
„ neral, & rapporté, y estre ordonné ce qu'il appartiendra;
„ & pour cet effet les Sacs & Pieces des Parties resteront
„ au Greffe Criminel de la Cour, jusquà ce qu'autrement soit
„ dit & ordonné. *Deliberé à Aix le 14. Juillet 1706.*

Depuis cet Arrest si authentique, qui a diffinitivement assuré l'estat du Sieur Isaac de Caille, il a épousé la Demoiselle Magdelaine de Serry de Toulon, le 7. Aoust 1706. Il est arrivé cependant que le 8. du mois de Janvier de la présente année 1707. Honnorade Venelle, à l'instigation sans doute du Sieur Rolland, fit un Acte à Aix pardevant Notaire & témoins, par lequel elle declara, qu'ayant appris, *que Pierre Mege, qu'elle avoit épousé au Martigues en 1686.*

8. Janvier 1707. Declaration de Venelle.

avoit depuis épousé une fille de Toulon, & que ce mariage illicite troubloit l'estat du sien & sa conscience ; elle protestoit de se pourvoir devant qui il appartiendroit de droit, pour faire casser ce nouveau mariage.

Le deffendeur informé de cette imposture dont on le vouloit noircir, en se servant du nom de cette malheureuse, se pourvût au Parlement de Provence, & obtint le dix-huit du même mois de Janvier 1707. une Ordonnance portant, *Qu'il seroit informé contre cette femme au sujet de sa fausse declaration, & cependant qu'elle seroit mise en prison comme en sequestre, pour sureté de sa personne, afin de repondre pardevant le Rapporteur de l'Arrest.*

18. Janvier, Ordonnance contre Venelle.

Les choses en cet état, la Dame Rolland & le Sr Tardivi se sont pourvûs pardevant Sa Majesté contre l'Arrest du 14. Juillet 1706. sans avoir au fonds ny en la forme aucuns sujets ny moyens valables de cassation ; toutesfois attendu la nouveauté d'une question d'Estat si qualifiée de toutes manieres, suscitée pour cause de Religion, dont le Conseil a bien voulu estre informé, leurs Requestes ont esté admises, & il y a eu un Arrest d'assigné au rapport de M. Maboul le trente-un Janvier de la même presente année, en vertu duquel le trois Mars suivant le deffendeur a esté assigné au Conseil. Il y est comparu, & l'Instance a esté reglée à écrire & produire par Appointement signé le onze Juin suivant, pardevant M. Laugeois d'Imbercourt Rapporteur.

31. Janvier 1707. Arrest introductif sur la cassation.

Le deffendeur, pour ne pas laisser déperir ses preuves, a interest de faire achever les Informations, qui en execution de l'Arrest du quatorze Juillet 1706. avoient esté commencées contre le Sr Rolland ; elles ne pouvoient estre surcises, puisque l'Arrest introductif de la demande en cassation ne le deffendoit pas. Il a obtenu le dix-huit du mois de Juillet dernier un Arrest du Conseil, *qui permet la continua-*

18. Juillet 1707. Arrest du Conseil

pour continuer l'Information contre le Sr Rolland.

tion de ces mêmes Informations jusques à Jugement diffinitif exclusivement.

Le Sieur Rolland, d'un autre costé, pour tâcher de faire une diversion, afin de donner une face monstrueuse à la cause, & y apporter, s'il estoit possible, de nouveaux embarras, ayant fait venir *Honnorade Venelle à la suite du Conseil* comme par une espece *d'enchantement*, puisqu'elle s'est trouvée tout d'un coup à Paris, *sans sçavoir qui l'y avoit amenée, qui l'y nourrit, qui l'y entretient, & sans connoistre*, à ce qu'elle dit, *qui est son charitable bien-faicteur.* Il luy a pourtant fait presenter deux Requestes en la présente Instance, l'une de simple intervention, qui fust d'abord rejettée; l'autre encore plus captieuse, en ce que supposant, *que le deffendeur estoit ce même Pierre Mege qu'elle disoit estre son mary*, elle concluoit entr'autres choses, *d'estre renvoyée à un autre Parlement que celuy de Provence, pour y poursuivre l'appel comme d'abus du second mariage de son pretendu mary avec la Damoiselle de Serry qu'il a epousée depuis l'Arrest confirmatif de son Estat.* Mais le Conseil, qui a prévê l'énormité d'une vexation si odieuse, a trouvé à propos de rendre un autre Arrest le même jour 18. Juillet dernier, par lequel il a ordonné: *Qu'il seroit mis neant sur cette Requeste de la Venelle.*

Autre Arrest du même jour, qu'il seroit mis neant sur la Requeste de la Venelle.

Moyens de Cassation des Demandeurs.	REPONSES du Deffendeur.
PREMIER MOYEN.	
L'Arrest du 14. Juillet 1706. a esté rendu par des Juges qui auroient dû s'abstenir de la connoissance de cette affaire,	Une fin de non-recevoir invincible contre ce prétendu moyen est, que si ces quatre Officiers du Parlement *estant*

estant dans le degré prohibé de l'Ordonnance avec les Sr & Dame de Serry, qui avoient déja pris des engagemens avec le Sieur de Caille. Ces Juges étoient, *le Sieur President de Coriolis, le Sieur President de Maliverny, cousin de la Dame de Serry, le Sieur de Boyer Rapporteur, beau-pere du Sr de Maliverny, & le Sr de Villeneuve d'Ansoüis, chez qui on pretend que la Dame de Serry sa cousine logeoit lors de l'Arrest.* On ajoûte : *Qu'elle & son mary avoient fourny pendant le Procez des Sommes considerables pour* le prétendu *Pierre Mege ; & que les Sieurs de Coriolis & de Boyer avoient perdu des Procez au Parlement de Grenoble, où le Sr Rolland est Avocat General.*

d'Aix eussent esté suspects aux demandeurs, ils devoient les recuser avant l'Arrest diffinitif. Sur-tout les Sieurs de Coriolis President, & de Boyer Rapporteur, qu'on dit avoir perdu des Procez au Parlement de Grenoble ; & encore plus le Sr de Boyer que les demandeurs avoient eux-mêmes demandé pour Rapporteur, & devant qui ils avoient volontairement procedé pendant plus de six années. Quant au Sieur de Villeneuve d'Ansoüis, chez qui on suppose que la Dame de Serry logeoit avant l'Arrest, ce qui n'est pas, cela ne pouvoit rien influer contre l'équité de l'Arrest, puisque le mariage de la Demoiselle de Serry avec le Sr de Caille n'a esté contracté que depuis l'Arrest. De dire que cette alliance avoit esté concertée avant l'Arrest, c'est une prévision metaphisique qui n'a aucun fondement. Toutes ces raisons jointes ensemble fournissent une fin de non-recevoir absoluë contre les demandeurs, supposé que ce fust un moyen de cassation, comme ce n'en est pas un.

II. MOYEN.

Le même Arrest a contrevenu aux Articles 7. & 14. du Titre 20. de l'Ordonnance de 1667. des faits qui gissent en preuves : En ce que le principal fait du Procez estoit de sçavoir, à ce qu'on prétend, *si le fils du Sr de Caille estoit decedé ou non, parce que la preuve de cette mort faisoit la conviction du crime de supposition de nom & de personne, dont le deffendeur estoit accusé. Qu'en la Ville de Vevay en Suisse on ne tenoit cy-devant aucuns Registres de Baptêmes, Mariages & Mortuaires ; ainsi qu'au defaut de ces Registres il auroit fallu recourir à l'Ordonnance de 1667. qui porte, Que si les Registres sont perdus, ou s'il n'y en a jamais eu, la preuve en sera reçûë tant par titres que par temoins. Et en l'un & en l'autre cas, les Baptêmes, Mariages & Sepultures POURRONT estre justifiez, tant par les Registres ou papiers domestiques des peres & meres*

REPONSE.

L'Arrest du Parlement d'Aix n'estoit point dans le cas de ces articles ; l'article 7. établit la validité des Registres des Baptêmes, Mariages & Mortuaires ; & les adversaires ont avancé qu'il n'y en avoit point à Vevay dans le temps du prétendu deceds du fils du Sr de Caille en 1696. & s'il y avoit eu un Extrait Mortuaire rapporté en bonne forme, & que le Parlement de Provence n'y eust pas déferé, sçauroit pû estre pour lors un moyen de cassation : mais quoy qu'on eust promis par écrit de le rapporter, ainsi qu'il est justifié au Procez, jamais neanmoins cet Extrait n'a esté representé ; ce qui fait voir qu'il y avoit par tout du mystere, soit à l'Extrait Baptistaire du deffendeur qui s'est trouvé perdu à Manosque, soit à son prétendu Extrait Mortuaire de Vevay qui n'a jamais paru.

L'article 14. a esté fait pour

DECEDEZ, que par temoins, sauf à la partie de verifier le contraire. marquer la forme qu'on doit tenir quand il n'y a pas de Registres, ou qu'ils se trouvent perdus ; mais encore une fois on n'estoit pas dans le cas de ces deux Articles.

1°. Il ne s'agissoit point de sçavoir, *si le fils du Sieur de Caille estoit mort ou non* ; ce n'estoit qu'une exception de la Dame Rolland pour deffendre à la question principale, qui estoit uniquement de juger, *si le deffendeur estoit fils du Sieur de Caille, ou s'il ne l'estoit pas.*

2°. La disposition de l'Ordonnance, qui est tres-sage, mérite un examen particulier, & une application précise au fait de la question d'Estat du Sr de Caille fils. L'article 14. n'est point imperatif, il se sert seulement du terme facultatif de *POURRONT prouver les Baptêmes & Sepultures, tant par les papiers domestiques des peres & meres DECEDEZ, &c.* Ce terme de *DECEDEZ* est encore tres-remarquable, parce que la prétenduë attestation du Sieur de Caille pere qui est vivant, ne pouvoit pas valoir contre le deffendeur son fils suivant la disposition de la même Ordonnance, & sur tout puisqu'il estoit au fonds sa principale partie par la haine particuliere qu'il avoit toûjours euë pour luy, qui avoit esté augmentée par son changement de Religion, & par les Procurations expresses qu'il avoit envoyées à Toulon pour poursuivre en son nom le deffendeur comme s'il eust esté un imposteur.

On pouvoit donc, suivant ce même article 14. de l'Ordonnance, faire la preuve par témoins du prétendu decès du fils du Sieur de Caille, *sauf au deffendeur à verifier le contraire* ; c'est ce qui a esté ponctuellement suivi par le Parlement d'Aix. Le deffendeur a justifié par sa présence réelle & personnelle, que non seulement il existoit, & par conséquent qu'il n'estoit pas mort; mais encore, qu'il estoit le veritable & legitime fils du Sieur de Caille, & cela par le témoignage constant d'un tres-grand nombre de témoins, aussi-bien que par plusieurs marques corporelles

Non facit fidem dictum testis extrajudicium. Tindar, de Testibus lib. 2. cap. 2.

Enfin on ne pouvoit valablement luy objecter les attestations & les enquestes de Vevay & de Lausane en Suisse, parce qu'outre qu'elles estoient mendiées, elles avoient esté extrajudiciairement faites par personnes suspectes, interposées, sans que la partie principale interessée eust esté entenduë ni appelée, & sans Ordonnance des Juges saisis de la cause. En un mot le Parlement a pû juger comme il a fait sans avoir en rien contrevenu à l'article 14. de l'Ordonnance. Tout ce qu'on oppose à cet égard ne sont que de simples pretendus Griefs contre le supposé mal jugé de l'Arrest, qui ne peuvent jamais produire aucun moyen de cassation.

On attaque cet Arrest parce qu'il a jugé le fils du Sieur de Caille en vie nonobstant les attestations de sa mort; mais il auroit esté bien plûtost susceptible de cassation s'il l'avoit jugé mort, puisqu'il y a eu preuve complette qu'il estoit en vie. Le Parlement d'Aix devoit necessairement juger l'un ou l'autre : la preuve la plus forte l'a déterminé; il eust esté contre la disposition du Droit, & même contre le bon sens, de faire prévaloir une preuve de la mort qui est negative & toûjours incertaine, à la preuve affirmative de l'existance d'un homme vivant, present, & publiquement reconnu pour celuy que l'on supposoit mort. Quand même les attestations venuës de Suisse seroient juridiques & recevables, ce qui n'est pas, les Juges du Parlement d'Aix auroient toûjours esté les maîtres de statuer suivant ce que leur auroit dicté leur justice; car inutilement l'Ordonnance permettroit-elle la preuve respective si le Juge n'avoit pas le pouvoir & la liberté d'y avoir égard ?

III. MOYEN.

Que la preuve de Suisse estoit complette, qu'on n'a pû la rejetter sans contrevenir au même article 14. du titre 20. & sans commettre une iniquité ; & si cette preuve n'estoit pas complette, on a dû avoir égard aux Requestes de la Dame Rolland, par l'une desquelles elle avoit demandé d'abord des Juges in partibus, *pour justifier sur les lieux la mort du fils du Sieur de Caille ; & par l'autre, que les Sieurs Carnaud & Gassendy, qui alloient en Suisse pour une autre affaire, fussent chargez de verifier le même fait. Que le Parlement d'Aix en ayant deboutté la Dame Rolland, a commis une contravention à l'article 14. & en même temps une iniquité en ce qu'il a refusé une maniere de preuve qui pouvoit seule assurer la verité.*

REPONSE.

La preuve n'estoit pas complette, puisqu'elle n'étoit pas juridique, n'ayant pas esté ordonnée par le Juge saisi de la contestation ; & dès que l'Ordonnance permettoit une preuve contraire comme on l'a déja dit, le Juge estoit maître de choisir : à l'égard de la premiere Requeste de la Dame Rolland du 25. Juin 1700. pour faire commettre des Juges *in partibus*, le Parlement par son Arrest contradictoire du 28. du même mois, ordonna qu'elle seroit mise dans le sac pour y estre fait droit en jugeant ; & il l'en a deboutté par l'Arrest diffinitif du 14. Juillet 1706. Quant à la seconde Requeste pour faire commettre les Sieurs Carnaud & Gassendy, elle devenoit inutile par le renvoy que l'on avoit fait de la premiere, qui tendoit à mêmes fins, pour y estre fait droit en jugeant ; ainsi que le deffendeur le fit voir par ses Requestes contraires, ausquelles la Dame Rolland ne fit aucune réponse : outre que les sieurs Carnaud & Gassendy estoient de simples particuliers sans aucun caractere de Magistrature, qui par consequent ne pouvoient faire aucune preuve juridique, & dont le témoignage aprés tout n'auroit pas pû produire plus d'effet que les attestations de Suisse, que les Juges qui ont formé l'Arrest diffinitif n'avoient pas trouvé à propos de recevoir : ainsi on ne peut pas dire que le Parlement d'Aix ait contrevenu à l'article 14. ni qu'il ait commis aucune iniquité, puisqu'il a usé du pouvoir que luy donnoit l'Ordonnance.

IV. MOYEN.

L'Arrest du Parlement de Provence a contrevenu à l'article 3. du tit. 7. des Monitoires de l'Ordonnance Criminelle de 1700. qui porte, que les Monitoires ne contiendront d'autres faits que ceux compris au Jugement qui aura permis de les obtenir, à peine de nullité tant des Monitoires que de ce qui aura esté fait en consequence. On ajoûte, *que l'Arrest en vertu duquel le Sr de Caille a fait publier des Monitoires, est du 18. Juin 1700. que cet Arrest luy permet seulement de prouver qu'il est fils du Sr de Caille : Cependant le*

REPONSE.

Les demandeurs sont absolument non recevables.

1°. Parce qu'ils ont dû se plaindre avant l'Arrest diffinitif. Ils ont proposé quelques reproches contre les témoins de l'Enqueste du Sieur de Caille, qui de son costé en a reproché plusieurs de la leur. Le Parlement a rendu un Arrest qui a jugé ces reproches de part & d'autre. Les demandeurs ont acquiescé à ce Jugement, par consequent toute la Procedure a esté couverte de leur propre fait. Doncques ils ont reconnu par là que l'Enqueste

Monitoire comprend les faits qui concernent Pierre Mege, ceux de la subornation des temoins, de la corruption des domestiques, de l'assassinat & de l'empoisonnement pretendu commis en la personne du Sr de Caille; qu'en consequence plusieurs temoins ont esté oüis en revelation, & ensuite entendus judiciairement sur tous ces faits estrangers. Qu'il y a eu diverses personnes decretées en vertu de l'Arrest qui renvoye le Sr Rolland Avocat General du Parlement de Dauphiné aux Chambres assemblées, pour proceder sur les accusations intentées contre luy. A quoy on ajoûte encore: *Que la parcelle du Monitoire à esté publiée de l'autorité du Parlement, & non de celle de l'Evêque, & par conséquent le Monitoire, & tout ce qui s'en est ensuivy, doit estre nul.*

estoit valable aussi-bien que l'Arrest qui l'avoit ordonnée.

2°. L'Arrest du dix-huit Juin 1700. permettoit au deffendeur de prouver son Etat par toutes sortes de preuves; c'est par la verification des chefs d'accusations capitales intentées contre le Sr Rolland, que le deffendeur pouvoit prouver qu'il estoit le veritable fils du Sr de Caille; tous les faits contenus au Monitoire & à la Parcelle y attachée dépendoient de la question d'Estat: Et le deffendeur prouvant qu'il n'estoit pas Pierre Mege, que le Sieur Rolland avoit suborné des témoins, qu'il avoit corrompu ceux qui prenoient soin de ses affaires, qu'il l'avoit fait empoisonner, & qu'il avoit voulu le faire assassiner, prouvoit incontestablement qu'il estoit le veritable fils du Sieur de Caille; & de plus qu'il faloit que les Sieur & Dame Rolland sentissent leur cause bien mauvaise, puisqu'ils avoient pris tant de precautions si odieuses, & qu'ils avoient emploïé des moyens si criminels pour étouffer la verité.

3°. Quant à la parcelle elle contient, ſuivant l'uſage de Provence, tous les faits ſur leſquels le Monitoire ordonne qu'on viendra à revelation ; ainſi le Monitoire a eſté publié de l'autorité de l'Evêque, ſuivant ſon Ordonnance qui a eſté produite au Procez ; & la Parcelle l'a eſté de l'autorité du Parlement, parce qu'en Provence le Monitoire & la Parcelle ne font enſemble qu'une même choſe. Au ſurplus la Dame Rolland, qui auroit pû s'oppoſer à l'obtention & à la publication du Monitoire ſi elle l'avoit jugé à propos, ne l'ayant pas fait dans le temps, eſt maintenant non recevable à s'en plaindre, & à pretendre que ce ſoit un moyen de caſſation contre l'Arreſt diffinitif dont il eſt le fondement, puiſqu'elle l'a reconnu volontairement par une Procedure de ſix années.

V. MOYEN.

L'Arreſt du Parlement d'Aix a contrevenu aux art. 4. & 5. du tit. 20. de l'Ordonnance de 1670. de la converſion des Procez Civils en Procez Criminels, & de la reception en Procez ordinaire, parce que l'article 4. porte, qu'après la confrontation des temoins, l'accuſé ne pourra plus eſtre reçû en Procez ordinaire ; mais bien qu'il ſera prononcé diffinitivement ſur ſon abſolution ou ſa condemnation ; & l'article 5. dit : Qu'encore que les Parties ayent eſté reçûës en Pro-

REPONSE.

La Dame Rolland eſt non recevable.

1°. C'eſt elle même qui a demandé que M. de Boyer fuſt commis Rapporteur en execution de l'Arreſt du 18. Juin 1700. qui permettoit au deffendeur de prouver par une Enqueſte qu'il eſtoit fils du Sieur de Caille. Elle a obtenu ſur ſa demande l'Arreſt du 28. du même mois, qui luy a permis de faire ſon Enqueſte contraire. Il y a eu des preuves faites de part & d'autre ; ainſi elle a reconnu *tès ordinaire, la voye extraordinaire sera reprise si la matiere y est disposée.*

L'Arrest du 13. Janvier 1700. avoit ordonné que le Procès seroit fait extraordinairement à l'accusé jusqu'à Sentence deffinitive inclusivement. Qu'en *execution de cet Arrest le Juge de Toulon avoit recolé & confronté les temoins, & que cependant le Parlement d'Aix par son Arrest du 18. Juin 1700. avoit civilisé l'affaire, en ordonnant une Enqueste, quoyqu'il n'y eust eu aucune Requeste donnée afin de Civilisation, & quoyque l'Ordonnance parle dans cet Article en termes prohibitifs.*

le premier Arrest, par consequent elle est non recevable à s'en plaindre.

2°. L'Arrest qui a ordonné l'Enqueste n'a point civilisé le Procez, il est toûjours demeuré Criminel. La Dame Rolland elle-même l'a toûjours reconnu comme tel, puisqu'elle a pris des conclusions deffinitives, laissant à M. le Procureur General à conclure à une peine capitale pour la vengeance publique.

Est-il naturel de s'imaginer qu'une affaire de la nature de celle du Sr de Caille, ait esté civilisée ? Il estoit accusé de supposition de nom & de personne, qui constament est un crime digne de mort, selon la Loy *falsi ff. ad L. Cornel. de fals. Paulus lib. 5. Sent. §. 10. Boniface partie 3. pag. 120.* & une infinité d'autres autoritez qu'on ne rapporte point de peur d'être ennuyeux. Le deffendeur a esté decreté sur cette accusation, & constitué prisonnier pendant près de huit ans; on a fait diverses informations contre luy; on a recolé & confronté des témoins; il a suby divers interrogatoires à Toulon & à Aix; il a esté entendu sur la sellette; il a eu des Conclusions à mort, & deux voix à une peine capitale au Siege de Toulon; & au Parlement d'Aix lors de son Jugement deffinitif, quatre voix à le declarer atteint & convaincu de ſuppoſition & d'impoſture : il auroit ſubi la peine de mort dans le jour même de ſon Arreſt, s'il n'euſt pas eſté reconnu pour veritable fils du Sr de Caille par quatorze Juges qui compoſoient douze ſuffrages, par la caducité de deux pour cauſe d'alliance entr'eux.

Qui dans toutes les circonſtances qu'on vient de rapporter peut méconnoître un Procez Criminel ſi bien caracteriſé ? Où peut-on y trouver matiere à civiliſer une affaire ? De plus, lorſqu'un Procez Criminel Capital, ſurtout d'une ſi grande importance, eſt venu à la connoiſſance de Meſſieurs les Gens du Roy, il ne peut plus devenir Civil, quand même les deux Parties le voudroient ; parce qu'indépendemment d'elles le Procureur General pourſuit l'affaire pour la vindicte publique.

Ce qui a pû produire l'erreur de ceux qui ont crû que le Procez avoit eſté civiliſé, c'eſt que le crime d'impoſture & de ſuppoſition forme une action d'une eſpece particuliere, & bien differente des autres. Dans le vol, dans l'aſſaſſinat, ou le meurtre, ou dans quelqu'autre crime ſemblable, le corps du delict eſt conſtant, *conſtat de corpore delicti.* On trouve ou des effets emportez, ou un homme bleſſé, ou mort ; ainſi le crime eſt certain, on en cherche ſeulement l'auteur, ce qui ſe fait par une information ſecrette de peur que les coupables ne ſoient avertis des recherches que l'on en fait. Mais quand un homme ſe dit eſtre un autre que ce qu'il paroiſt, il n'y a point de delict conſtant, il n'y a pas encore de crime averé, parce que s'il dit vray, il n'eſt nullement criminel ; & on ne peut ſçavoir s'il dit vray ou faux, que par la voye de l'Enqueſte, qui à la verité paroiſt eſtre civile, mais dont l'objet & le but tendent à la pourſuite criminelle, parce qu'il s'agit de voir ſi celuy qui ſe preſente eſt un impoſteur ou non.

Dans les plus grandes affaires criminelles, lorſqu'un fait eſt incertain, on a recours à l'Enqueſte pour l'averer; loin qu'elle civiliſe l'affaire, elle devient elle-même une piece neceſſaire du Procez criminel, ſoit pour l'abſolution, ſoit pour la condamnation de l'accuſé; témoin *l'alibi*, qui ne ſe prouve jamais que par Enqueſte, & s'il n'eſt prouvé, l'accuſé eſt condamné ſans autre forme de procez.

Dans l'action criminelle en ſuppoſition de nom & de perſonne, l'Enqueſte eſt plus neceſſaire qu'en aucune autre, parce que le point deciſif eſt la reconnoiſſance de l'accuſé; & ce que cette action a de ſingulier, c'eſt que le corps du delict n'eſt conſtant que par la condamnation qui intervient ſur les Enqueſtes.

Le Parlement d'Aix n'a donc point civiliſé l'affaire, elle eſt toûjours reſtée criminelle, la civiliſation ne ſe fait jamais de droit ſi le Juge ne l'ordonne expreſſément. Le Parlement d'Aix ne l'a pas ordonnée, puiſque l'accuſé a toûjours eſté priſonnier; par conſequent nulle contravention aux articles 4. & 5. de l'Ordonnance; & quand même l'Arreſt du 18. Juin 1700. y auroit contrevenu, ce qui n'eſt pas, la Dame Rolland auroit dû ſe pourvoir dans les ſix mois, & ne pas attendre ſix ans à le faire, après que l'Arreſt deffinitif de la reconnoiſſance du deffendeur a eſté rendu, ce qui prouve que la Dame Rolland eſt non recevable.

VI. MOYEN.

Contravention à l'Article 24. du Titre 25. de l'Ordonnance Criminelle de 1670. où il eſt dit : S'il eſt ordonné que les temoins ſeront oüis une ſeconde fois, ou le Procez fait de nou-

REPONSE.

Le Parlement d'Aix n'a point contrevenu à cet article.

1°. L'Ordonnance y parle en termes conditionnels, *S'il eſt ordonné, &c. Si le Procez eſt veau à cause de quelque nullité dans la procedure ; le Juge qui l'aura commise sera condamné d'en faire les frais, & payer les Vacations de celuy qui y procedera, & encore les dommages & interests de toutes les Parties.*

Le Parlement d'Aix a cassé la Procedure du Senechal de Toulon comme nulle, il n'a pas ordonné qu'il en fust fait une nouvelle aux depens du Juge qui l'avoit faite, doncques il a formellement contrevenu à cet article.

fait de nouveau, &c. mais elle n'employe pas des termes imperatifs, puisqu'elle n'ordonne point précisément que le Procez sera fait de nouveau.

2°. La Dame Rolland est non recevable à relever cette prétenduë contravention ; elle a demandé elle-même par ses Requestes, *Que le Parlement prononçât sur le fonds & principal de l'affaire par Jugement nouveau ;* comment peut-elle aujourd'huy se plaindre, puisque ce n'est qu'à sa requeste, & sur ses propres demandes que le Parlement a prononcé ?

3°. Le Séneschal de Toulon auroit dû naturellement commencer par l'Enqueste, & non pas par l'information contre le deffendeur. Le Parlement n'a cassé la Procedure de ce premier Juge, & ne l'a declarée nulle par son Arrest deffinitif, que comme devenuë inutile par la reconnoissance du fils du Sieur de Caille. Dans les actions en supposition de nom & de personne, le corps du delict, comme on l'a déja dit, n'est constant que par le Jugement de condamnation, & il est aneanti par l'absolution de l'accusé ; par consequent n'y ayant plus de corps de delict, il ne reste plus ni preuve ni procedure, ni instruction nouvelle à faire ni à renvoyer à aucun Juge.

C'est ce qui est arrivé dans l'affaire du deffendeur. Le Juge de Toulon a suivy ces principes, quand en renvoyant les Parties au Parlement pour y proceder ſur leurs appels, il s'eſt dépoüillé de la connoiſſance de leurs differens, & ne s'eſt reſervé la faculté de les juger qu'avec les termes conditionnels, *s'il y écheoit*, c'eſt à dire en cas que le Parlement débouttât le deffendeur de ſes appellations. De plus il eut eſté contre les regles, qu'un Juge inferieur comme le Séneſchal de Toulon euſt connu & jugé ſur des Enqueſtes faites de l'autorité du Parlement d'Aix ſon Juge ſuperieur.

VII. MOYEN.

Contravention à l'article 2. des fins de non proceder de l'Ordonnance de 1667. où il eſt dit : Deffendons auſſi à tous Juges ſous peine de nullité des Jugemens, d'evoquer les Cauſes, Inſtances & Procez pendans és Sieges inferieurs, ou autres Juriſdictions, ſous pretexte d'appel ou connexité, ſi ce n'eſt pour juger deffinitivement en audiance & ſur le champ par un ſeul & même Jugement.

Autre contravention à l'article 5. du titre des Appellations de l'Ordonnance de 1670. qui porte : Que les Procez Criminels pendans pardevant les Juges des lieux, ne pourront être evoquez par les Cours,

REPONSE.

1°. Le Parlement n'a rien évoqué; il eſtoit ſaiſi de tout. Une Cour n'eſt cenſée évoquer que lors qu à l'occaſion d'un incident, dont elle eſt ſaiſie par l'appel, elle juge le principal encore pendant & indecis devant le premier Juge.

Le Parlement de Provence, pardevant lequel le deffendeur avoit appelé des Ordonnances du Sénéchal de Toulon des 21. & 27. Novembre 1699. renvoya par ſon Arreſt du 13. Janvier 1700. le priſonnier au Siege de Toulon, pour que ſon Procez luy fuſt fait juſqu'à Jugement deffinitif incluſivement; & par là il s'eſtoit en-

si ce n'est qu'elles connoissent, après avoir vû les Charges, que la matiere est legere, & ne merite une plus ample instruction; auquel cas pourront les evoquer, à la charge de les juger sur le champ à l'Audiance, & faire mention par l'Arrest des Charges & Informations, le tout à peine de nullité.

tierement conformé à l'Ordonnance. Mais ce premier Juge, au lieu d'executer l'Arrest du Parlement, & de rendre sa Sentence deffinitive, en rendit une interlocutoire du 8. Mars suivant, par laquelle il renvoya les Parties au Parlement pour proceder sur leurs appellations, par où il se dépoüilla de l'affaire. Les demandeurs appelerent de cette Sentence, & le deffendeur de son costé appela tant du Decret d'informer, que de toute la Procedure Criminelle qui s'en estoit ensuivie; par où le Parlement d'Aix se trouva saisi de tout, tant Civil que Criminel, attendu les appels respectifs des Parties; ainsi il ne resta rien de pendant pardevant le premier Juge, sur-tout en cas d'absolution, comme il l'avoit reconnu luy-même par le renvoy qu'il en avoit fait au Parlement.

2°. La Dame Rolland est non-recevable, puisqu'elle a dit elle-même par les Requestes qu'elle a présentées au Parlement, que le Siege de Toulon avoit rempli son degré de jurisdiction, & qu'elle a formellement demandé, que le Parlement prononçat sur le tout par Jugement nouveau.

3°. Enfin cette Cour a jugé le tout par un seul & même Arrest, en prononçant sur le fond & principal de l'affaire, & sur la nullité & cassation de la Procedure de Toulon. Il est vray que cela n'a pas esté jugé à l'audiance. Si le Parlement d'Aix eust jugé à l'audiance une cause d'une involution si prodigieuse, & où on a entendu plus de six cens témoins, on n'auroit pas manqué d'en faire un moyen de précipitation contre les Juges. Mais outre qu'il euſt eſté abſolument impoſſible de le faire, c'eſt la Dame Rolland elle-même qui a demandé que le Procez fuſt appointé devant un Commiſſaire, qui a pourſuivi ce Reglement, qui a produit en conſequence, donné diverſes Requeſtes à fins deffinitives, fait ſes contredits, diſtribué ſes Factums, & preſſé le Jugement; le tout en execution des Arreſts des 18. & 28. Juin 1700. auſquels elle a totalement acquieſcé par une Procedure volontaire de plus de ſix années. Ce qui établit contre elle une fin de non-recevoir inſurmontable.

VIII. MOYEN.

Contravention aux articles 35. & 36. du Titre des Enqueſtes de l'Ordonnance de 1667. par l'un deſquels il eſt dit : Que ſi la permiſſion de faire Enqueſte a eſté donnée à l'audiance ſans que les Parties ayent eſté appointées à Ecrire, les Enqueſtes ſeront portées à l'audiance pour y eſtre jugées ſur un ſimple acte, & ſans autre Procedure.

Et l'autre ordonne : Que ſi l'Enqueſte eſt declarée nulle par la faute du Juge, il en ſera fait une nouvelle aux depens du même Juge, dans laquelle la Partie poura faire oüir de nouveau les mêmes temoins.

REPONSE.

L'Arreſt du 14. Juillet 1706. n'eſt point dans les cas de ces deux articles.

1°. Il ne pouvoit pas eſtre rendu à l'audiance comme on l'a déja dit, attendu la multiplicité des témoins & des Procedures.

2°. Il ne devoit pas y eſtre rendu ſelon l'Ordonnance même; puiſque l'affaire avoit eſté appointée, ſur tout ſur les propres demandes de la Dame Rolland.

3°. Ce n'eſt point une Enqueſte qu'à fait le Juge de Toulon, c'étoit une Information; il avoit commencé ſa Procedure au Criminel;

L'Arrest du 14. Juillet 1706. a contrevenu à ces deux articles, en ce qu'il n'a pas esté rendu à l'audiance, & que les Arrests des 18. & 28 Juin 1700. qui avoient ordonné les Enquestes y avoient esté rendus, & encore parce qu'il n'a pas ordonné qu'il fust fait une nouvelle Enqueste aux depens du Juge de Toulon.

le Parlement l'a jugée inutile, & l'a cassée, parce que par la reconnoissance du deffendeur le pretendu crime de supposition a esté aneanti, & par consequent toute la Procedure criminelle a dû l'estre, n'y ayant plus ni crime ni criminel. Surquoy donc les demandeurs voudroient-ils qu'on eust fait une nouvelle Enqueste, n'y ayant plus rien à examiner ? il resulte même de ce qu'ils avancent une contradiction au bon sens ; car, c'est de l'Arrest deffinitif dont ils demandent la cassation, sur ce qu'il n'a pas ordonné qu'il fust fait une nouvelle Enqueste aux frais du Juge de Toulon, c'est à dire, qu'ils voudroient que le Parlement d'Aix en reconnoissant le deffendeur pour fils du Sieur de Caille, donnât pouvoir à un Juge inferieur dont il cassoit la Procedure, de voir si l'Arrest estoit bien ou mal rendu.

IX. MOYEN.

L'Arrest a encore contrevenu à l'article 1. titre des Requestes Civiles de l'Ordonnance de 1667. qui porte : Que les Arrests & Jugemens en dernier ressort ne pourront estre retractez que par Lettres en forme de Requeste Civile.

L'Arrest du 13. Janvier

REPONSE.

L'Arrest du 13. Janvier 1700. n'a point esté retracté, mais, à nouveau fait nouvelle Ordonnance.

1°. Cet Arrest portoit la clause expresse, *Sauf à faire droit sur les demandes de l'accusé* ; en quoy le Parlement se reservoit toûjours son pouvoir

700. ordonnoit : Que le Procez seroit fait à l'accusé jusqu'à Sentence deffinitive inclusivement. Les Arrests des 18. & 28. Juin suivant ont ordonné les Enquestes respectives : & l'Arrest du 14. Juillet 1706. a annullé la Procedure de Toulon ; doncques l'Arrest du 13. Janvier 1700. a esté retracté sans Requeste Civile.

voir en cas d'appel ; & cependant il renvoyoit l'affaire au premier Juge, pour qu'il remplit son degré de Jurisdiction : mais ce premier Juge renvoyant luy-même la cause au Parlement, qui par là se trouvoit en droit de statuer sur les demandes de l'accusé, l'Arrest d'instruction du 13. Janvier 1700. sans estre retracté, devenoit inutile par le propre fait du Juge de Toulon, & non point par celuy du Parlement d'Aix.

2°. Les appellations respectives des Parties ayant encore de nouveau saisi le Parlement, il n'a pas retracté son Arrest du 13. Janvier 1700. mais il a statué sur ce fait nouveau de tous les appels respectifs qui n'y estoient pas compris ; & devant pour lors prononcer deffinitivement sur le fond du Procez, pour s'éclaircir de la verité, il a ordonné des Enquestes par ses Arrests des 18. & 28. Juin suivant.

3°. On vient de prouver que l'Arrest du 13. Janvier 1700. n'a pas esté retracté ; mais s'il estoit vray qu'il l'eust esté, ce n'auroit pû estre que par celuy du 18. Juin de la même année : Or la Dame Rolland elle-même en a demandé l'execution par sa Requeste du 25. du même mois, sur laquelle il fust fait droit par l'Arrest du 28. suivant ; elle a fait sa contraire Enqueste en consequence ; elle a pris des conclusions au fond, & demandé un nouveau Jugement ; elle a procedé volontairement pendant plus de six ans, & enfin l'Arrest deffinitif est intervenu qui a tout terminé. Surquoy donc veut-elle revenir aujourd'hui contre un Arrest rendu depuis sept ans, qu'elle a reconnu & executé; ce qui la rend entierement non recevable?

X. MOYEN.

Contravention à l'article 2. titre 22. des Enquestes de l'Ordonnance de 1667. qui veut, que le delay de faire Enqueste ne soit prorogé par le Juge que d'une huitaine. Cependant le Parlement a accordé huit delais à l'accusé.

REPONSE.

Le deffendeur estant prisonnier, & privé de la joüissance de ses biens, n'estoit pas en pouvoir ni en estat de faire si-tost son Enqueste, qui a esté composée de prés de 400. témoins. D'ailleurs la peine portée par cet article est purement comminatoire; au surplus cela a esté couvert par l'Enqueste, par la contraire Enqueste, & par l'appointement executé. Ainsi les demandeurs sont non-recevables à s'en plaindre.

XI. MOYEN.

L'Arrest du Parlement d'Aix a contrevenu au droit public, & aux Traitez d'alliance avec le Corps Helvetique, dont il n'a pas voulu recevoir ni admettre les Enquestes & attestations, par lesquelles il paroissoit qui le fils du Sr de Caille estoit decedé à Vevay en Suisse le 15. Fevrier 1696. quoy que les Actes faits en Suisse doivent faire foy en

REPONSE.

L'Arrest du 14. Juillet 1706. n'est pas dans ce cas; il auroit pû y être, s'il eût manqué d'avoir égard, quant à la forme, aux actes passez en Suisse pardevant Notaires: mais les preuves testimoniales telles que sont les Enquestes, & attestations dont il s'agit, n'ont pas la même force que les actes publics.

1°. Parce qu'elles sont ex-

France, comme ceux de France le doivent faire en Suisse ; & que ces Alliez en ont porté leur plainte à Sa Majesté par une Lettre où ils demandent l'execution des Traitez.

trajudiciaires, n'ayant pas été faites de l'autorité des Juges saisis de la matiere.

2°. Quand même elles auroient esté faites par Ordonnance du Parlement, & sur Commission rogatoire, ce qui n'est pas, les Juges auroient toûjours esté les maîtres d'y avoir égard, ou non ; puisque suivant l'article 14. de l'Ordonnance de 1667. au titre des faits qui gisent en preuves, en permettant les Enquestes respectives, ils se reservent le droit de les balancer l'une & l'autre, & de decider entre-elles, de la même maniere que les Suisses seroient en droit de le faire, s'ils étoient Juges dans un pareil cas.

3°. Il dépend absolument de la prudence, & de la volonté du Juge de choisir entre diverses preuves celle qui luy paroît la plus formelle, & la moins équivoque. C'est ce qu'a fait le Parlement d'Aix ; de vingt-trois Juges qui ont opiné, quatre furent d'avis de declarer le deffendeur un supposé, cinq ont crû qu'il faloit interloquer pour sçavoir si le fils du Sieur de Caille estoit mort ou non ; & quatorze, dont les suffrages furent reduits à douze pour cause d'alliance entre-eux, ont eu raison d'asseoir leur jugement solide sur les preuves constantes qu'ils avoient de la verité du fait, par l'existence réelle, & personnelle du deffendeur, & par une foule de témoins qui ont assuré incontestablement qu'il estoit fils du Sieur de Caille.

Cette verité a esté encore justifiée par un grand nombre de marques corporelles, & toutes singulieres que le deffendeur a sur sa personne ; mais ce qui marqua davantage la bonté de sa cause, ce fust la multitude des alterations, & des fauſſetez pratiquées par le Sieur Rolland, celles qu'il a fait faire par ceux qu'il avoit gagnez pour faire paſſer ſon neveu de Caille pour Pierre Mege, & le nombre conſiderable de témoins qu'il avoit ſubornez à ce ſujet.

Tant de preuves raſſemblées ont déterminé les quatorze Juges à declarer le deffendeur veritable fils du Sr de Caille; ainſi il n'y a pas lieu de dire qu'ils ayent contrevenu en aucune maniere aux Traitez d'Alliance avec les Suiſſes, parce qu'ils n'ont pas eu beſoin des Enqueſtes faites à Vevay, & à Lauſane qu'ils n'avoient pas ordonnées, pour s'aſſurer d'un fait dont ils avoient devant leurs yeux des preuves parfaites, entierement déciſives, & pour tout dire enfin, un témoignage vivant.

XII. MOYEN.

Contravention aux Declarations du Roy des 1. Juillet 1686. 10. Fevrier & 29. Novembre 1698. par leſquelles Sa Majeſté ordonne : Que les Refugiez qui rentreront dans le Royaume declarent en rentrant, devant le premier Juge Royal, le lieu où ils veulent abjurer; qu'ils abjurent huitaine aprés, & qu'ils en rapportent un Certificat.

Le deffendeur eſt rentré en 1691. il n'a abjuré qu'en 1699. Doncques l'Arreſt du 14. Juillet 1706. qui l'a declaré fils du Sieur de Caille, n'a pû luy

REPONSE.

Ce prétendu moyen ne pourroit regarder tout au plus que l'adjudication des biens, & nullement la queſtion d'Etat du deffendeur, & ne ſeroit pas capable de rendre un Arreſt ſuſceptible de caſſation, quand même il auroit contrevenu à l'Ordonnance, puiſqu'elle ne prononce qu'une peine comminatoire. D'ailleurs le deffendeur a expliqué dans l'expoſition du fait de ſon affaire, & par toutes les Ecritures qu'il a fournies au Parlement de Provence, les peines *adjuger les biens sans contravention.*

& les difficultez qu'il avoit euës de s'échaper d'auprès de son pere, les terreurs continuelles où il estoit d'estre arresté de sa part par quelques-uns de ses parens ou de leurs emissaires. Il a fait voir que c'est par ces raisons qu'il avoit plusieurs fois déguisé sa qualité, qu'il avoit emprunté differens personnages, & qu'il s'estoit caché sous le faux nom de Pierre Mege. Dans cet abîme d'obscurité où une fausse crainte, & les conseils artificieux de ses ennemis l'avoient jetté, il estoit presque dans l'oubli de luy-même, occupé uniquement du bonheur de n'estre plus maltraité de son pere.

Le Sieur de Caille fils ne devoit pas naturellement estre censé rentré dans le Royaume tant qu'il y a esté sous un nom déguisé; on n'a pû compter son retour que du moment qu'il a repris son veritable nom:& aussi-tost après qu'il se fust declaré en Justice, il fit son abjuration, ce qui arriva en 1699. Ce n'a esté que sept ans après que l'Arrest du Parlement de Provence luy confirmant son Etat, luy a adjugé les biens de sa famille; en quoy on ne peut pas dire, que cet Arrest ait contrevenu aux Edits,& Declarations du Roy, puisque Sa Majesté n'a jamais eu l'intention de priver des biens des peres & meres Huguenots refugiez, les enfans qui se font Catholiques.

XIII. MOYEN.

Sur ce que l'Arrest du 14. Juillet 1706. a prononcé sur des appellations & demandes qui n'avoient pas esté appointées, ce n'est qu'une ouverture de Requeste Civile: mais

REPONSE.

Un moyen de Requeste Civile ne peut jamais estre regardé comme moyen de cassation, & sur-tout lorsque les moyens de cassation ont esté détruits comme le vien-

quand elle est jointe à des moyens de cassation, elle en prend toute la force.

L'Appointement du 25. Octobre 1700. n'estoit que sur la demande en execution de l'Arrest du 18. Juin 1700. c'est à dire, sur l'Enqueste ; ainsi on n'a dû prononcer que sur cela seulement : Cependant l'Arrest a statué tant sur les appellations de la Procedure criminelle, que sur l'opposition du deffendeur à l'Arrest du 30. Juin 1690. & sur les Lettres de Rescision de la Dame Rolland, aussi-bien que sur les appels des Ordonnances des 16. *Septembre*, 21. & 27. *Novembre, & 2. Decembre* 1699. *&* 8. *Mars* 1700.

nent d'estre ceux de la Dame Rolland. On y répond cependant, afin de faire voir que le Parlement d'Aix n'a manqué à aucunes formalitez. En reglant la demande en execution de l'Arrest du 18. Juin 1700. il a appointé les Parties sur toutes les qualitez où estoient compris les appels du deffendeur, dont le Jugement deffinitif terminoit tout le Procez. C'est la Dame Rolland elle-même qui présenta sa Requeste pour demander l'appointement sur l'Arrest du 18. Juin qui ordonnoit l'Enqueste : La preuve qui en resultoit détruisoit, & aneantissoit tout le reste du Procez ; ainsi la Dame Rolland est non-recevable: elle l'est encore davantage, puisque c'est elle-même qui avoit demandé ce Reglement, & qui avoit conclu à ce que le Parlement statuât sur le tout par Jugement nouveau.

Le deffendeur a déja fait voir que le crime de supposition se decide, & finit entierement par la reconnoissance de l'accusé, qui ne se peut faire que par Enqueste. Le Sieur de Caille a fait sa preuve, la Dame Rolland a fait la sienne contraire ; & de plus l'Arrest du 18. Juin 1700. qui a donné lieu à l'appointement du 25. Octobre 1702. portoit en termes exprès : *Sauf à faire droit sur les preuves s'il y écheoit.*

Ce qui marque que le Parlement s'estoit reservé de prononcer sur cela, comme il a fait par ce même appointement; mais cette reserve n'a pas eu son effet, parce que la reconnoissance du deffendeur a tout aneanti en confirmant deffinitivement son Etat.

XIV. MOYEN.

L'Arrest du 14. Juillet 1700. n'est pas soûtenable, parce qu'il contient une iniquité evidente.

REPONSE.

On n'a jamais allegué un semblable moyen de cassation contre un Arrest de Cour Superieure. L'usage constant, uniforme, & invariable du Conseil, a toûjours esté de rejetter les prétendus *griefs ou mal jugez* des Arrests au fond; & de n'admettre en la forme que les contraventions aux Ordonnances, Reglemens, Edits, & Declarations de Sa Majesté.

Si neanmoins il arrivoit qu'un Parlement rendit un Arrest qui en renfermant une iniquité évidente, mais qui fust averée, sensible, & incontestable, contrevint formellement à quelque article de l'Ordonnance, en ce cas là l'iniquité évidente pourroit estre reçûë comme un moyen de cassation, moins cependant comme iniquité, que comme contravention à l'Ordonnance: Par exemple, par l'article 57. de l'Ordonnance de Moulins, il est dit: *Que les substitutions seront restraintes au quatriéme degré, outre l'institution.* Supposons qu'au préjudice d'une disposition si précise, un Parlement eut ouvert un *fidei-commis* en faveur d'un parent au *cinquiéme ou sixiéme degré*, il est certain, qu'un pareil Arrest seroit susceptible de cassation par l'iniquité évidente qu'il contiendroit au fond, pour avoir manifestement contrevenu à cette Ordonnance; ce Jugement ne seroit regardé comme inique que pour n'avoir pas observé la Loy.

Dans la Jurisprudence, comme dans la Religion, le mal n'est mal que par la transgression des Decrets du Legislateur : mais dans d'autres cas que la Loy n'a pas pû prévoir, tels que sont les questions de fait, & entre-autres celles d'Etat, qui dépendent des preuves; il est constant que la seule volonté des Juges, déterminée par leurs lumieres, & par leur équité, en doit faire la decision.

L'affaire du deffendeur estoit uniquement une question de fait, & nullement une de droit; puisqu'il s'agissoit de prouver par des Enquestes, *S'il estoit le veritable fils du Sr de Caille, ou non.* Les Ordonnances ne pouvoient point avoir prévû cette espece particuliere, ni par consequent elles n'avoient pû rien statuer là-dessus; tout dépendoit des dépositions, & de l'examen des preuves : c'étoit donc aux Officiers du Parlement d'Aix à decider en Arbitres souverains, suivant ce que leur dictoit la justice. En quoy donc leur Arrest merite-t-il qu'on l'accuse d'iniquité ? En quoy a-t-il contrevenu aux Ordonnances ? Est-ce pour avoir sçû discerner la difference extrême qu'il y avoit entre la personne du deffendeur, & le portrait du veritable Pierre Mege ? Est-ce pour n'avoir pas voulu admettre la pretenduë *preuve de la mort d'un homme* qui estoit vivant, qu'ils avoient devant leurs yeux, & qui s'estoit volontairement constitué leur prisonnier ? On doit plûtost loüer leur discernement, & leur sagesse, que de les accuser d'iniquité & de contravention à aucune Ordonnance.

De plus, puisqu'il y a quatre Juges qui ont esté d'avis de declarer le deffendeur atteint & convaincu de supposition, cinq qui ont douté de la mort du Sieur de Caille fils, & qui vouloient s'en éclaircir; cela prouve que la question estoit problematique, par consequent susceptible de differentes opinions; ainsi les quatorze Juges qui ont formé l'Arrest l'Arreſt pouvoient donc opiner comme ils ont fait, ſans qu'on puiſſe accuſer leur Jugement d'iniquité, puiſqu'ils ne ſe ſont déterminez que par des preuves convainquantes & entierement deciſives. La preuve affirmative de l'exiſtance d'un homme devant toûjours, ſuivant les regles de la juſtice & du bon ſens, l'emporter ſur la preuve de la mort, negative & toûjours incertaine. Mais la probité des Magiſtrats de Provence n'a eſté attaquée par les Parties adverſes, que depuis l'Arreſt rendu, parce qu'il ne leur a pas eſté favorable.

Nos Rois n'ont jamais preſcrit aux Officiers qui exercent la Juſtice ſous leur autorité, que de certaines Loix ſur quelques cas énoncez dans les Ordonnances. Ce ſeroit offenſer leur pouvoir & leurs lumieres, que de vouloir les reſtraindre juſqu'à les rendre reſponſables de leurs opinions. Ce ſeroit, pour ainſi dire, avilir le noble caractere de Juges, leur oſter la volonté de l'être, charger leur honneur, & les declarer indignes du choix du Prince, auſſi bien que de la place qu'ils occupent, que de les ſoumettre & de les aſſujettir à une pareille cenſure, eux qui ne doivent rendre compte qu'à Dieu ſeul & à leur propre conſçience des principes de leurs deciſions touchant la fortune & la vie des hommes.

AUTRES FINS DE NON-RECEVOIR ſur-abondantes, contre la demande en caſſation.

C'Eſt peu d'avoir fait connoiſtre, par des recits plus ſinceres que ceux de la Dame Rolland, que le Parlement d'Aix a rendu juſtice au deffendeur, en luy rendant ſa qualité, ſon eſtat & ſon bien; le Sieur de Caille a encore d'autres raiſons pour ſa deffenſe. Quoyqu'il ait déja suffiſamment contredit & détruit les prétendus moyens de caſſation qu'on luy a oppoſez, il va encore expliquer d'autres fins de non-recevoir qui prouvent invinciblement que l'Arreſt confirmatif de ſon Eſtat n'eſt pas ſuſceptible de caſſation.

PREMIERE FIN DE NON-RECEVOIR.

Le Conſeil du Roy ne connoît point des Affaires Criminelles.

LE Conſeil n'eſt point ſaiſi du fond de la conteſtation, puiſqu'il ne l'a point évoquée. Les Magiſtrats qui le compoſent ſont trop éclairez & trop inſtruits des Regles pour le faire; il eſt inoüi que le Conſeil ait jamais connu des Affaires Criminelles.

La *Juſtice* & la *Clemence* ſont les plus grands attributs des Rois, qui ſont les images vivantes de Dieu: mais comme ces deux vertus ſemblent quelquefois oppoſées l'une à l'autre, quoy qu'elles s'accordent parfaitement dans le cœur de Sa Majeſté heureuſement regnante, nos Princes toûjours plus portez à la douceur qu'à la ſeverité, ſe ſont reſervez la Clemence, & ont remis l'épée vengereſſe de leur Juſtice entre les mains de leurs Magiſtrats.

Quand des coupables ont merité la mort, ce n'eſt point la bouche des Rois qui en prononce l'Arreſt formidable; ils ſe dépoüillent, pour ainſi dire, de leur autorité ſouveraine quand il faut *punir*, & ne la reprennent que pour *pardonner.*

Les Chanceliers Gardes des Sceaux, dépoſitaires de la Puiſſance Royale, & toûjours attachez à la Perſonne ſacrée du Prince, ne connoiſſent des Crimes que pour en remettre la peine par des Lettres de Grace & de pardon: & comme Sa Majeſté eſt cenſée preſente à tous ſes Conſeils, ce feroit en quelque maniere bleſſer ſa clemence que d'y juger à fond une affaire criminelle ; ce qui paroît manifeſtement, puiſqu'il n'y a pas même de Procureur General pour reclamer la vindicte publique. Si nos Rois connoiſſoient par eux-mêmes des Procez Criminels, leur clemence l'emporteroit ſur leur Juſtice, & les méchans triompheroient à l'abry de la bonté du Prince.

Le Conſeil du Roy depuis ſon établiſſement, ſuivant ſes Uſages & ſes Reglemens de tous les temps, n'a jamais connu dans la forme, non plus qu'au fond & principal, *d'aucunes affaires de la competence des Juges ordinaires*, moins encore des *queſtions d'Eſtat capitales*, & *des actions Criminelles*, comme eſt celle qui a eſté intentée contre le deffendeur, *en ſuppoſition de nom & de perſonne* ; ſi on admettoit cette faculté de venir au Conſeil, ce ſeroit non ſeulement contrevenir aux Reglemens, mais encore arreſter le cours de la Juſtice, & procurer l'impunité des crimes.

Les Arreſts deffinitifs des Cours Superieures en matiere Criminelle s'executent dans le jour ; & il eſt inoüi que l'on ait jamais decidé au Conſeil ſur un pareil jugement devant ou aprés l'execution, au fond ni dans la forme. S'il eſtoit permis de ſe pourvoir en caſſation contre un Arreſt qui condamne un homme à mort, ſoit ſous pretexte de quelque contravention, ſoit ſous celuy d'une prétenduë *iniquité evidente*, ce qui eſt formellement deffendu par les Ordonnances, il n'y a pas un criminel qui ne prit cette voye pour prolonger ſa vie de quelque temps, & qui ne fît tous ſes efforts pour échaper par des longueurs infinies à l'équitable rigueur de la Juſtice.

Si un Jugement rendu deffinitivement contre un Criminel eſtoit caſſé pour quelque nullité dans la Procedure, ou pour quelque contravention à l'Ordonnance, il faudroit neceſſairement que l'on renvoyât l'affaire à une autre Cour pour la juger de nouveau. Alors quelles dépenſes ne faudroit-il pas faire pour le tranſport des coupables ? Quels frais immenſes pour les voyages, ſéjours, & retours de tous les témoins ? Quel temps infini pour recommencer l'inſtruction & l'examen de tout le Procez? Quelles longueurs affreuſes dans les Procedures pour les Recolemens & les Confrontations ? Combien de preuves dépériroient, ſoit par la mort ou par l'abſence des témoins, ſoit par d'autres changemens qu'on ne peut pas prévoir ? Ce qui oſteroit abſolument aux Juges à qui on renvoyeroit l'affaire, les moyens de connoître & de découvrir la verité ; que les Juges qui l'auroient examinée les premiers ſont cenſez eſtre plus en état d'avoir diſcerné, quand toutes les preuves étoient encore en leur entier.

Ce ſont, ſans doute, ces grands inconveniens, & ces juſtes raiſons, qui ont porté nos Rois à s'interdire à eux-mêmes, & à leur Conſeil, la connoiſſance des Cauſes Criminelles au fond & dans la forme.

SECONDE FIN DE NON-RECEVOIR.

On ne peut pas eſtre jugé deux fois en matiere Criminelle.

APrès avoir prouvé que le Conſeil ne connoît point des affaires Criminelles au *fond*, ni dans la *forme*, & que le Procez du Sieur de Caille eſtant purement *Criminel*, n'eſt par cette raiſon nullement de ſa competence ; il reſte encore à prouver que le deffendeur ayant déja eſté jugé, ne peut plus l'eſtre une ſeconde fois.

C'eſt une maxime certaine & indubitable, que dans une affaire capitale on ne ſubit jamais un ſecond Jugement. La Regle *non bis in idem*, qui eſt tirée de l'eſprit des Loix, eſt si connuë, qu'il est inutile d'en rapporter l'origine.

Les Loix Romaines, dont la sagesse a esté adoptée par les Ordonnances de nos Rois, & par les dispositions de nôtre Jurisprudence, decident formellement, *Qu'une chose jugée a la force de la verité.* Et tous les Jurisconsultes conviennent unanimement, *qu'une chose jugée est une fin de non-recevoir infaillible & perpetuelle.* On se contente de rapporter icy quelques citations, pour ne pas entrer dans un trop grand détail qui pouroit estre ennuyeux.

Res judicata pro veritate habetur. Reg. juris 207.

Exceptio rei judicatæ perpetua & peremptoria est. DuMoulin Tome 4. p. 127. l. 56. ff. de Quæstione finita tit. de Re judicata lib. 42.

Le Procez du deffendeur comprenoit & réünissoit ensemble la *question d'Estat*, & *l'action Criminelle*; & les Loix establissent encore plus solidement sur ces deux points capitaux, que sur aucuns autres, *qu'il n'est pas permis de les juger deux fois.* Comme elles panchent toûjours vers la douceur, quoy qu'elles n'ayent que la justice en vûë, elles veulent qu'un homme qui sur une accusation a couru risque de la vie, & qui par un Jugement deffinitif a évité le danger de la perdre, n'ait plus rien davantage à appréhender.

Nous voyons, par le Droit Ecrit qui s'observe exactement en Provence, *Que quand même il seroit evident qu'un Tribunal auroit mal jugé*, & si perperam judicasset, *on ne peut plus examiner l'affaire de nouveau.* Et l'on peut dire même, que la maxime *non bis in idem*, suppose que le Jugement n'a pas esté rendu dans les regles : Car si on eust présumé qu'aucuns Jugemens ne fussent susceptibles de répréhension, on n'auroit jamais introduit cet axiome de Droit; ainsi la Loy supposant que les Juges ont manqué non seulement aux formalitez, mais encore à la justice, elle decide nonobstant cela, *qu'on ne peut plus juger la même affaire une seconde fois.*

L. 62. de Sent. non mutanda. T. de Re judicata ff. lib. 42.

Les Juges gardent religieusement les Loix qui leur ont esté prescrites, même contre des accusez qui depuis l'Arreſt ont eſté reconnus pour coupables. Combien a-t'on vû de Criminels contre qui on avoit des indices violens, reſiſter à la queſtion, & avoüer enſuite leurs forfaits ſans rien craindre, parce que l'Arreſt ou les abſolvoit, ou les condamnoit à d'autres peines moindres que la mort, en cas que dans la torture ils n'avoüaſſent pas leurs crimes.

Si l'on en uſe ainſi avec des coupables averez, à combien plus forte raiſon doit-on obſerver la même conduite avec des accuſez innocens & juſtifiez.

Le Sieur de Caille n'a-t'il pas éprouvé aſſez de peines cruelles? Aprés huit ans de priſon, aprés des Interrogatoires ſur la ſellette, aprés mille traverſes & mille incertitudes terribles, voudroit-on le reduire à la fâcheuſe & triſte neceſſité de recommencer à ſouffrir, pour prouver une verité que huit ans d'inſtruction & d'examen ont aſſez découverte? Voudroit-on qu'il euſt encore à craindre pour ſon innocence, que la malice de ſes ennemis luy a fait acheter ſi cher? Mais il n'a jamais craint; la bonté de ſa cauſe l'a toûjours raſſuré, puiſqu'il n'a pas voulu s'enfuir des priſons, quoy qu'on luy en euſt fourni exprès l'occaſion.

Si l'Arreſt authentique qu'il a obtenu pouvoit eſtre attaqué, il n'y a plus rien de certain ni pour la poſſeſſion des biens, ni pour la tranquilité de ceux qui ont des Jugemens deffinitifs en leur faveur; il n'y a plus au monde perſonne aſſuré de ſon état ni de ſa vie.

Le repos des familles, à quoy toutes les Loix aſpirent, ne ſera plus maintenant qu'une idée, ſi un homme ne peut encore compter ſur rien, par les vains & foibles moyens de caſſation que ſes Parties adverſes oppoſent contre un Arreſt ſolemnel d'un Parlement auſſi celebre qu'éclairé, qui a eſté formé par les ſuffrages de quatorze Juges, & rendu ſur les depoſitions d'une multitude de témoins, par la conviction d'un grand nombre de marques corporelles & toutes particulieres, & enfin aprés un examen de prés de huit années.

La Loy doit estre égale de part & d'autre. Si le Sieur de Caille avoit eu le malheur de soûtenir une imposture, & d'être condamné comme supposé, il n'auroit pas pû se pourvoir en cassation contre l'Arrest qui l'auroit declaré Imposteur, & qui auroit esté executé dans le jour ; ainsi à plus forte raison, puisque le Parlement d'Aix a connu la justice de son droit, & la luy a renduë, la Dame Rolland est mal fondée de demander la cassation d'un Arrest, contre lequel le Sieur de Caille n'auroit pas pû demander la même chose. La condition de l'accusé, & sur-tout d'un accusé innocent, doit être toûjours plus favorable.

Quoy faut-il, parce que le deffendeur se trouve estre le veritable fils du Sieur de Caille, qu'il essuye une vexation & une persecution que ses Parties adverses n'auroient pas éprouvées, s'il eust esté assez malheureux pour succomber sous leurs artifices, malgré la justice de sa cause ? Un innocent auroit-il donc un sort plus malheureux qu'un coupable ? Et voudroit-on, s'il est permis de le dire, le punir de n'avoir pas esté criminel ?

REFLEXIONS SOMMAIRES

SUR LE MEMOIRE IMPRIMÉ de la Dame Rolland.

CE Volume, qui n'a d'autre objet que de prouver la prétenduë *iniquité evidente de l'Arrest du Parlement d'Aix*, doit estre regardé comme un pur Libelle diffamatoire, puisqu'il n'est signé de personne, qu'il n'a point esté signifié, & qu'il est rempli d'impostures & de calomnies qui n'ont pas le moindre fondement.

Le deffendeur, sans entrer en aucune maniere dans le fond, dont il ne s'agit point au Conseil, relevera seulement quelques contradictions manifestes, & plusieurs faussetez soûtenuës par des raisonnemens captieux; afin de détruire, en leur opposant la verité, les mauvais effets que tant de mensonges pourroient avoir produits:& s'il estoit vray qu'ils en eussent pû produire quelques-uns, on en appele du public prévenu au public équitable.

Si les injures estoient des raisons, la Dame Rolland peut se vanter d'en avoir avancé plus que personne. Si on retranchoit de son Memoire toutes celles qui y sont repanduës contre le deffendeur, les railleries piquantes que l'on y fait contre l'Avocat qui l'a deffendu en Provence, les invectives énormes & calomnieuses, que l'on y dit contre les quatorze Juges qui ont formé l'Arrest deffinitif, contre le Rapporteur du Procez, & contre les témoins qui ont esté favorables au Sieur de Caille, parce qu'ils ont esté veridiques : Enfin si on supprimoit encore ce qu'il y a de fabuleux

buleux, on ne sçait ce qui pourroit rester de ce Libelle.

Il faut avoüer cependant qu'il est écrit avec tout l'esprit & toute l'adresse imaginables ; c'est dommage qu'il n'y manque que la verité : mais elle y est trop offensée pour ne la pas vanger en la découvrant.

Il est fort étrange, & contre toutes les Regles, que la Dame Rolland se soit emportée contre les Juges du Parlement d'Aix, jusques à dire : *Qu'ils avoient deux poids & deux mesures, qu'ils ont meprisé ce qu'il y a de plus certain dans la foy humaine, de plus inviolable dans la nature* ; & que dans differens endroits de son Memoire elle les ait accusez *d'aveuglement, de prevention, d'erreur, de deny de Justice, d'iniquité dans leur Jugement, & d'application unique à couvrir leur iniquité.* Comme elle avance, sans fondement, tant d'invectives contre une Cour Superieure, elle doit subir la peine & l'amende de 3000. l. que la sagesse du Roy a prononcée par un Reglement general de son Conseil du 21. Mars 1679. contre ceux qui en demandant la cassation d'un Arrest, se repandent en injures contre les Juges qui l'ont rendu. *Memoire page 3. & autres.*

Quand on veut attribuer de grandes fautes à des personnes incapables d'en faire, il faut au moins tâcher de leur trouver de grands motifs ; qui a donc pû *prevenir, aveugler, jetter dans l'erreur, faire cesser d'estre justes*, & rendre *injustes* les Officiers du Parlement de Provence ? Ce Corps qui a toûjours fait voir tant de lumieres & d'integrité ? Ce Corps en un mot, qui suit si bien les traces de son illustre Chef ? Quel homme auroit esté capable d'obliger cette celebre Compagnie à se dementir ? C'est un homme sans esprit sublime, sans sçience, sans credit, sans biens, sans appui, & enfin sans autre secours pour vivre que les genereuses charitez qu'on luy a faites pendant tout le temps de sa longue prison.

Si le Sieur de Caille, que l'on vouloit faire passer pour *un Cardeur*, & pour *le fils d'un Galerien*, avoit pû, estant ce que ses adversaires supposoient, faire rendre un Arrest en sa faveur, luy qui avoit à combattre une partie puissante & dangereuse, à qui l'argent a fait suborner des témoins, & trouver des moyens aisez pour falsifier un grand nombre de Pieces; dont le rang & le credit ont fait mettre en mouvement les Puissances les plus formidables, de grands Magistrats, des Prelats d'une dignité éminente, des Villes, une nation entiere. C'est là que l'on pourroit dire avec juste raison, qu'il y auroit du *prestige*, & de *l'enchantement*. La verité seule a operé toutes ces merveilles; cette verité, qui triomphe de l'artifice & de la calomnie, est le seul mobile, qui a esté capable de déterminer des Juges qui n'aiment & ne cherchent qu'elle, en faveur d'un infortuné qui n'avoit qu'elle seule pour appui.

C'est sans raison que la Dame Rolland a voulu noircir par mille calomnies la reputation de M. Boyer d'Aguilles. Les lumieres de ce Magistrat égalent sa droiture: sa probité est si generalement reconnuë, que ce seroit luy faire injure que de la vouloir deffendre: on ne le reconnoît point dans le portrait satirique & diffamant que l'on a fait de luy en divers endroits du Memoire. On se contentera de rapporter simplement la maniere dont les choses se sont passées au sujet de la Requeste qu'on avance faussement *qu'il avoit supprimée*.

Pages 56. 57. 58. 59. 258. & 249. du Memoire.

Il est bon de reprendre de plus haut ce fait de Procedure, afin de l'éclaircir d'avantage. La Dame Rolland convient elle même dans son Memoire, *Qu'elle donna une Requeste au Parlement d'Aix, par laquelle elle demanda qu'il luy plust commettre un Commissaire* in partibus, *pour faire la preuve de la mort du Sr de Caille fils, & que cette Requeste fust jointe au*

Page 9.

Procez par Arrest du 28. Juin 1700. pour y estre fait droit s'il y écheoit. Ce sont les propres termes de l'Arrest.

Il est necessaire de remarquer que la Dame Rolland acquiesça à cet Arrest. Que cinq ans aprés, à l'occasion de l'affaire criminelle entre Messieurs de S. Antonin, & Messieurs de Cormis, le Parlement d'Aix commit les Sieurs Carnaud & Gassendy, qui connoissoient personnellement le Chevalier de Cormis, pour aller verifier s'il estoit effectivement en Suisse, comme le soûtenoient Messieurs de S. Antonin. Là dessus la Dame Rolland se pourvût encore par Requeste du 30. Mars 1705. *afin de faire commettre les mêmes Sieurs Carnaud & Gassendy pour dresser Procez verbal sur le deceds du fils du Sr de Caille lorsqu'ils seroient en Suisse.*

Rien n'estoit plus inutile que cette nouvelle Requeste, depuis que la precedente qui tendoit aux mêmes fins, avoit esté renvoyée pour y estre fait droit s'il y écheoit en jugeant le Procez. Elle fût neanmoins réponduë d'un *Soit montré au Procureur General & à Partie.* Le deffendeur y fit reponse lors de la signification, *qu'il donneroit sa Reponse contraire.* Il la presenta en effet, & la fit signifier le premier d'Avril suivant. Mais comme la Dame Rolland n'y fit pas de Replique, & qu'elle ne remit pas même l'original de sa Requeste signifiée le trente Mars precedent, le deffendeur donna sa seconde Requeste en Recharge de sa premiere, qui sortit *en blanc*, c'est à dire, comme on parle en Provence, qu'il n'y eut *point de Decret.* Ce qui n'empêcha pas neanmoins, que cette même Requeste ainsi retirée & retenuë par la Dame Rolland, ne fut vûë au Procez, puisque la copie qui en avoit esté signifiée de sa part, & qui est l'original du deffendeur, se trouve visée dans l'Arrest deffinitif, avec les Requestes contraires du Sr de Caille. *Fol. 82. de l'Arrest imprimé.*

Il est facile de connoître par ces faits, que *M. d'Aguilles n'a pas gardé cette Requeste de la Dame Rolland en sa poche comme elle suppose :* Si cela eust été vray, la Dame Rolland ne se seroit-elle pas plaint de ce prétendu *deny de Justice* dans le temps ? Pourquoy a-t'elle laissé passer quinze mois entiers devant le Jugement deffinitif du Procez, sans rien dire sur un fait de cette conséquence ? Pourquoy enfin le releve-t'elle aujourd'huy dans son Libelle, devant des Juges qui ne peuvent pas en connoître, elle qui a gardé le silence pendant un si long intervalle de temps devant ceux qui auroient pû luy rendre justice, si elle la leur eust demandée, & si le fait eust été veritable ?

La Dame Rolland dans son Memoire attaque encore le Sieur de Boyer avec aussi peu de fondement, quand elle luy demande, *Pourquoy il n'a pas interrogé le deffendeur, & s'il craignoit de connoître la verité ?* Il n'est pas capable de craindre la seule chose qu'il aime. Le Sieur de Caille a suby des Interrogatoires aussi severes qu'exacts d'un Magistrat pénétrant & éclairé ; ainsi la verité avoit été découverte : c'est donc par des sentimens, dont on ne peut pas exprimer la noirceur, que l'on avance que le Sieur de Boyer d'Aguilles évitoit de la connoître.

Est-il permis, sur de si évidentes suppositions, d'accuser un des plus anciens Officiers d'une Cour Superieure, plus respectable encore par son mérite que par son ancienneté, d'avoir eu *plus que de la partialité*, & d'être capable d'un *deny formel de Justice ?* Il est aisé de connoître par cette affectation à rechercher tant de faussetez pour ternir l'honneur de M. Boyer d'Aguilles, que les bonnes raisons manquent aux demandeurs ; on n'employe jamais le mensonge ni les invectives quand on a la verité pour soy.

Page 259.

La Dame Rolland, en personne habile, attaque le plus vivement ce qui peut faire le plus d'effet en faveur du Sieur de Caille. Ce n'eſt que parce que la dépoſition de Madame la Marquiſe de S. Juers détruit le ſiſtême de la prétenduë mort du deffendeur, que la demandereſſe ſe déchaîne contr'elle avec tant d'emportement, & avec une malignité ſi outrée. C'eſt une maniere qui convient auſſi peu à la Juriſprudence, qu'à la politeſſe, de dire, en parlant d'une perſonne de qualité, *une femme nommée la Dame de S. Juers*; on pourra peut-être ſe perſuader que l'Apologiſte de la Dame Rolland a pû ignorer le rang & le mérite de Madame la Marquiſe de S. Juers de Caſtellane: mais la Dame Rolland ne pouvoit ni ne devoit méconnoître la condition diſtinguée de cette Dame, puiſqu'elles avoient logé plus d'un an enſemble à Grenoble.

Quant à ſa dépoſition elle eſt faite avec tant de circonſpection & de ſageſſe, que la ſeule lecture en fait la juſtification. On la rapporte icy toute au long, afin qu'on puiſſe juger plus préciſément de ſa ſincerité.

Conſtituée Dame Marquiſe de Lombard de Gourdon, « 376. e.
épouſe du Sr Marquis de S. Juers, âgée de 51. an, témoin aſſigné « du 30. Mars
par Exploit du jour d'hier, laquelle moyennant ſerment « 1701.
oüy ſur l'Arreſt à elle lû, aprés avoir declaré n'être parente «
ny alliée des Parties, admoneſtée de l'Ordonnance, «

A dit: Qu'ayant entendu le bruit que faiſoit la publication, qu'on avoit faite en divers lieux d'un Monitoire pour raiſon de l'état d'un priſonnier qui ſe dit fils du Sr de Caille, elle auroit eſté touchée d'un mouvement de conſçience, & cruë obligée d'en reveler ce qu'elle en ſçavoit; & avant ce faire, elle auroit jugé à propos de conſulter ſes Confeſſeurs: & non contente de leur conſeil, elle auroit encore conſulté deux Peres de l'Oratoire, l'un Superieur de la Maiſon d'Aix, & l'autre actuellement Predicateur à la Paroiſſe de la Magdelaine, tous deux connus, & le Predicateur ami particu-

„ lier de la Dame Rolland ; & cela d'autant mieux, qu'étant
„ iceux des amis de M. & Dame de Rolland, la déposante
„ cherchoit le sentiment de quelque Directeur qui pust la
„ dispenser de declarer ce qu'elle sçavoit, n'ayant pas été pré-
„ sente aux publications des Monitoires ; mais les ayant seu-
„ lement appris par la voye publique, dans le temps même
„ qu'elle, qui dépose, a gardé la chambre dans cette Ville d'Aix
„ plus d'un mois, & le lict même, où la Dame de Rolland l'est
„ venuë visiter : mais les deux Peres de l'Oratoire, aussi-bien
„ que tous les autres Confesseurs que la déposante a consultez,
„ ont unanimement declaré, que n'ayant qu'une ame à sau-
„ ver, on étoit obligé de dire la verité quand on la sçait ; &
„ que le respect humain ne doit point empêcher, ni obliger
„ de biaiser, autrement les Censures seroient inutiles ; ce qui
„ a obligé la déposante malgré elle, de s'aller présenter au
„ Curé de la Magdelaine ; à cet effet, y ayant trouvé un bon
„ Prêtre qui luy dit, que les Revelations étoient fermées & fi-
„ nies, elle se porta au S. Esprit, & revela pardevant Messire
„ de Cujis le Curé, qu'étant à Grenoble en mil six cens qua-
„ tre-vingt dix-sept, où elle séjourna environ une année à la
„ poursuite des Procés, estant logée dans la même maison où
„ habitoit Madame de Rolland, qu'elle voyoit tres-souvent ; il
„ arriva qu'un jour parlant de la famille du Sr de Caille, elle
„ qui dépose auroit demandé à la Dame de Rolland pour-
„ quoy elle n'avoit pas fait venir son neveu en France ? A quoy
„ ladite Dame de Rolland répondit, qu'elle avoit fait ce qu'-
„ elle avoit pû, & même *qu'elle leur avoit envoyé de l'argent*,
„ & *que son neveu seroit venu*, mais que son pere l'avoit em-
„ pêché, CE QUI AVOIT OBLIGÉ SON NEVEU A SE SAUVER,
„ & qu'on avoit envoyé aprés luy ; & ajoûta ladite Dame de
„ Rolland, que voyant qu'elle ne pouvoit avoir son neveu, elle
„ auroit fait ce qu'elle avoit pû pour avoir sa niece, pour la

marier à Grenoble, & luy donner son bien: mais que le Sr de « Caille n'avoit jamais voulu consentir qu'elle revint en France. Depose encore que pendant son même séjour à Grenoble, il y vint un homme de Suisse à cheveux blonds, habillé de rouge, qui vint voir la Dame de Rolland pour luy donner des nouvelles du Sr de Caille; & ladite Dame de Rolland dit pour lors à la déposante, qu'elle appréhendoit que le Sr de Caille ne voulut donner à cet homme là sa fille en mariage; & comme ce Suisse partit pour Provence, la Dame de Rolland luy dit: Qu'elle ne pouvoit comprendre ce qu'il y pouvoit aller faire, le tout de la même maniere que la déposante l'a entendu dire à la Dame de Rolland elle-même, dont elle a toûjours été bonne amie, qu'elle n'a revelé présentement qu'à contre cœur, pour la décharge de sa conscience, & sans y avoir esté portée par la sollicitation de la Dame de Puy-Loubier niece d'elle qui depose, ni d'aucune autre personne, ainsi que la Dame de Rolland a fait mettre dans la protestation faite par son Procureur dans le Verbal, estimant mieux le repos de sa conscience, que tous les biens & les faveurs du monde, & plus n'a dit sçavoir. Lecture faite y persistant, & à signé. Signez, GOURDON S. JUERS, BOYER, & DE REGINA. »

On verra facilement si une deposition de ce caractere doit estre traitée *de bien impertinente*, & si on peut dire qu'elle est *pleine d'affectation, de contradictions, & de faussetez d'un bout à l'autre*. On ne relevera pas les injures grossieres, ny les termes insultans dont la Dame Rolland se sert pour l'attaquer; ils ne sont pas capables d'en diminuer la force le moins du monde, & ne sont dignes que de mépris. La Dame Rolland dit: *qu'elle n'a jamais eu de liaison avec la Dame de S. Juers*. Toute la Ville de Grenoble, & celle d'Aix peuvent assurer le contraire, puisque ces deux Dames

Pag. 49. 50. 51.

ont logé en même maison pendant un an dans celle-là, & qu'elles se sont rendu visite dans celle-cy.

La Dame Rolland ajoûte encore, *que nul autre temoin ne dit quoy que ce soit d'approchant* du fait de l'évasion du deffendeur. Cependant le 59e témoin de l'Enqueste du Sieur de Caille confirme & circonstancie plus particulierement les mêmes faits qu'à avancez Madame de S. Juers, & nomme l'Officier Suisse qui devoit épouser la Demoiselle de Caille. On va rapporter encore cette déposition, parce qu'elle est importante, & qu'elle se trouve appuyée par d'autres témoins.

On ne prétend point discuter en rien le fonds de l'affaire; mais on veut uniquement faire voir, en rapportant un seul exemple, combien on doit estre en garde, & se défier de tous les faits dont parle le libelle, puisque les mensonges y sont avancez avec autant de fermeté que le pourroit estre la verité même. Comment ose-t'on dire, *que nul autre temoin ne dit quoy que ce soit d'approchant* de ce que Madame de S. Juers a déposé, puisqu'il y en a vingt-cinq qui disent précisément la même chose, *Que le fils du Sr de Caille s'est sauvé de Geneve, qu'il n'est point mort, & qu'il y en a qui ajoûtent qu'il y a du mystere dans cette mort.*

*23.59.83. 84. 102. 138. 146. 154. 171. 248. 264. 265. 292. 293. 322. 329. 339. 360. 369. 376. 377. 384. &c. C.

L'imagination est-elle entraînée par l'erreur, lorsque 25. témoins assurent un fait? Et doit-on dire, comme fait la Dame Rolland, *que les preuves de la mort doivent l'emporter?* Lors que cette prétenduë *mort* se trouve précisément détruite par la preuve de l'évasion de celuy qu'on vouloit faire passer pour decedé. Venons maintenant à la déposition du 59e témoin.

P. 208. du Memoire.

„ Constitué Abraham Pillet, Marchand originaire du lieu „ de Massillargues en Languedoc, residant à Marseille, âgé „ de 46. ans, témoin assigné & produit à la requeste du prisonnier,

59. C. du 11. Dec. 1700.

sonnier, ainsi qu'il a fait apparoir de la copie de son assigna- “
tion du 25. Novembre dernier : Lequel moyennant serment “
oüi, sur ledit Arrest à luy lû, aprés avoir declaré n'estre pa- “
rent, allié ny domestique des parties, admonesté de l'Or- “
donnance, “

A dit : Qu'il est encore de la Religion Pretenduë Refor- “
mée, & quoy que né François a pris des Lettres de Natura- “
lité en Suisse au Canton de Berne ; & depuis pour faire va- “
loir son commerce, se trouve à present engagé au Bureau “
du Sr de Condamine Baguet, Marchand de Loge de la Ville “
de Marseille ; & se souvient d'avoir vû le Sieur de Caille & “
son fils, & la Dame de Caille sa grand'mere, la Dame de “
Lignon sœur dudit Sr de Caille, la Damoiselle de S. Etienne “
l'aînée, & deux filles du Sr de Caille, le fils de la Dame de “
Lignon, & ses deux filles, dans le lieu des Descarenes à trois “
lieuës de Nice en 1685. auquel temps cette famille quittoit “
le Royaume ; & dans le même temps le déposant habitoit à “
Nice, & luy qui dépose les vit depuis en 1686. dans la Ville “
capitale du Canton de Berne ; aprés quoy les affaires du “
déposant l'ayant obligé à faire divers voyages, il n'auroit plus “
entendu parler de cette famille des Cailles, que l'année “
passée au mois de Juillet 1699. que le déposant étant à Geneve “
dans la maison de Jacques Buisson Marchand de cette Ville, “
ledit Jacques Buisson demanda en confidence au déposant, “
que pourroit valoir le bien & heritage du Sr de Caille en “
France ; à quoy luy déposant auroit répondu estre tres-con- “
siderable, sçachant qu'il consiste en deux Terres Nobles de “
Caille & de Rougon, ne pouvant pas declarer à quoy con- “
sistoient les autres biens de cette famille ; & s'étant luy qui “
dépose informé à quel dessein ledit Buisson prétendoit s'ins- “
truire du mérite d'un heritage si éloigné de Geneve, ledit “
Buisson auroit répondu au déposant, qu'on traitoit de don- “

„ ner la fille du ſieur de Caille au frere dudit Buiſſon Lieute-
„ nant Colonel Suiſſe en France ; & le dépoſant avertit ledit
„ Buiſſon que le ſieur de Caille avoit deux filles & un gar-
„ çon : mais iceluy Buiſſon repartit que l'aînée des filles étoit
„ morte, qu'il n'y avoit plus que la cadette que l'on traitoit à
„ ſon frere le Lieutenant Colonel, qui croyoit obtenir du
„ Roy, au moyen de ce mariage, la joüiſſance de toute cette
„ ſucceſſion de Caille, *Parce que le fils unique avoit quitté ſon*
„ *pere, s'eſtoit jetté dans les Troupes, où on aſſuroit qu'il eſtoit*
„ *mort, n'ayant eu aucune nouvelle de ce garçon depuis ſix ou ſept*
„ *ans qu'il manquoit d'auprès du Sieur de Caille ſon pere.* Et de-
„ puis le dépoſant ayant eu des conteſtations avec ledit du Buiſ-
„ ſon pour leurs affaires particulieres, ledit du Buiſſon auroit
„ fait conſtituer le dépoſant priſonnier au mois d'Octobre
„ 1699. & traduire dans la Conciergerie de ce Palais, ſur la fin
„ de Novembre même année ; où eſtant luy qui dépoſe, au-
„ roit vû un Priſonnier qui ſe diſoit fils du ſieur de Caille, &
„ l'ayant obſervé attentivement d'abord qu'il fut arrivé, ne ſe
„ contenta pas luy qui dépoſe des apparences, voulût encore
„ l'interroger ſur divers faits arrivez à Nice, au lieu de l'Eſca-
„ renes, au temps de la ſortie du ſieur de Caille : à quoy ce
„ Soldat répondit pertinemment & dans la verité aux deman-
„ des que le dépoſant luy fit d'abord à ſon arrivée ſans les avoir
„ communiquées à perſonne auparavant, & auſquelles le
„ ſoldat ſatisfit ſans heſiter ; & remarqua luy qui dépoſe,
„ qu'il avoit quelque reſſemblance audit fils du ſieur de Caille
„ au tein prés, qui eſt préſentement beaucoup plus groſſier
„ que ne paroiſſoit celuy du fils du ſieur de Caille alors ; ce
„ que le temps, la fatigue & la mer peuvent avoir changé. Il
„ répondit au dépoſant à tout ſur le champ ; & ayant eſté in-
„ terrogé s'il n'avoit jamais porté d'emplâtre ſous un œil dans
„ la Ville de Berne, il répondit, & montra au dépoſant la ci-

Ce qui fut refuſé par Sa Majeſté.

catrice de la fistule qu'il avoit sous les deux yeux, parce qu'on luy donna un coup de lancette sous chaque œil pour guerir ses fluxions, & dessecher ses yeux qui pleuroient toûjours ; & quand il estoit à Berne en Suisse, il portoit un emplâtre sous un œil, & que l'autre œil fut gueri à Geneve à ce qu'il disoit : mais le déposant est obligé de declarer qu'il a vû au fils du sieur de Caille une fluxion sur les yeux, qui les luy faisoit pleurer continuellement, & a vû qu'il portoit un emplâtre sous l'œil pour raison de ce ; & le déposant croyant de découvrir s'il estoit veritablement le fils du sieur de Caille ou non, par quelque interrogat, luy demanda entr'autres choses, quelle conduite sa famille tint à la sortie du Royaume, & quelle voiture fut celle des Damoiselles ses sœurs ; & sur le champ ce soldat répondit, qu'une partie de la famille passa de Caille à Nice, en passant par Grasse & saint Laurent, & l'autre partie passa par Sigalle dans les montagnes de Savoye, & se rejoignirent tous à l'Escarenes, & les Damoiselles ses sœurs furent chargées dans une caisse chacune en forme de basle de Marchandise sur une bête de charge ; ce que le déposant avoit entendu dire estre veritable. Toutes lesquelles circonstances ont beaucoup plus d'apparence que ce soldat est plûtost le veritable fils du sieur de Caille qu'un supposé ; ne pouvant pas neanmoins déterminer au vray quel homme ce soldat peut estre, ny si c'est un domestique de la famille du sieur de Caille, qui pût en avoir appris les avantures, & plus n'a dit sçavoir ; lecture faite y persistant a signé.

Et avant signer croit estre obligé de declarer encore un fait dont le déposant vient seulement de se ressouvenir, qu'étant en conference avec ce même soldat dans la prison d'Aix, en presence d'un Laurent Tinturier de Marseille autre prisonnier, un Genois qui est mort dans les prisons, &

„ autres, & luy qui dépose, qui avoit des Lettres & papiers
„ écrits du caractere du sieur de Caille, & de la Dame de Caille
„ sa mere, & des Dames de saint Estienne & de Lignon, de-
„ manda au soldat s'il connoissoit le caractere de son pere ; à
„ quoy le soldat répondit, qu'il le reconnoîtroit s'il en voyoit;
„ & sur le champ luy qui dépose découvrit divers papiers,
„ parmy lesquels, au lieu de mettre une lettre du sieur de Cail-
„ le, en mit une de la Dame de Caille sa mere, & dit au soldat
„ qu'il eut à reconnoître quelle estoit la lettre de son pere;
„ & ledit soldat s'attachant seulement à la lettre de sa grand'-
„ mere, dit qu'il connoissoit ce caractere, mais que ce n'estoit
„ pas celuy de son pere; & le déposant faisant glisser adroite-
„ ment deux autres lettres, parmy lesquelles il y en avoit une
„ du sieur de Caille pere, sans hesiter le soldat s'adressa à celle
„ du sieur de Caille, la reconnut pour estre de son pere, com-
„ me elle l'estoit effectivement, & tenant la main dessus se mit
„ à pleurer en disant: *Pere ingrat, voudriez-vous faire perir*
„ *vostre sang?* ce qui fortifia encore plus le déposant, que ce
„ soldat n'estoit point un supposé, ne pouvant neanmoins
„ rien affirmer de positif; parce qu'il y a trop longtemps qu'il
„ a cessé de voir le fils du sieur de Caille, qu'il n'a vû qu'en
„ passant à Nice & à Berne, il y a environ quatorze ou
„ quinze ans, & plus n'a dit sçavoir, lecture faite, y persistant,
„ a signé.

„ Et avant ce faire declara qu'il écrivit à la D[e] de Lignon & à
„ la D[lle] de S. Etienne, qu'il venoit de voir le fils du sieur de
„ Caille en prison, & leur marqua toutes les particularitez
„ dont mention est faite cy-dessus; & lesdites Dames répon-
„ dirent par leurs lettres, que le déposant ne se souvient pas
„ s'il les a conservées ou non, que ce soldat estoit un supposé,
„ que ce *pouvoit estre un domestique*, qui se disoit fils du sieur
„ de Caille, mais *que le veritable estoit mort*; & plus n'a dit,

lecture de nouveau faite, y persistant, a signé. Signez Pillet, "
Boyer & de Regina. "

La Dame Rolland a tant de chagrin de voir que toutes les faussetez de son mary sont devenuës inutiles, qu'elle le fait sentir à tout le monde. M. le *President de Coriolis*, M. le *President de Maliverny*, & M. *de Villeneuve Conseiller*, en ont éprouvé les plus violens effets. Elle attaque leur integrité sur des pretextes si pueriles, qu'il est bien mal-aisé de les lire avec moderation : mais l'équité reconnuë, & le merite personnel de ces Magistrats, les met fort au-dessus de pareilles calomnies, qu'un parfait mepris est la seule réponse qu'on y doit faire. *Pag. 183.*

La Dame de Serry ne doit pas s'étonner après cela, de ce qu'on l'outrage si vivement dans le Memoire. La seule qualité de belle-mere du deffendeur luy attire la haine de la Dame Rolland, qui n'y épargne qui que ce soit. La vertu & la condition honneste ne suffisent pas pour arrester ses invectives : Les personnes de la pieté la plus solide, & du rang le plus distingué n'en ont pas esté exemptes ; ainsi estant traitée de la même maniere que Madame la Marquise de saint Juers, Madame la Marquise de Puy-Loubier, & Madame la Comtesse de Galean, elle aimeroit moins les loüanges de la Dame Rolland, qu'elle n'aime ses injures mordantes : c'est une preuve de merite que d'en estre l'objet.

La Dame Rolland a grossi son Memoire de l'Interrogatoire subi par le deffendeur devant le Lieutenant de Toulon, auquel elle a ajoûté des Reflexions presque à chaque article, & sur lequel elle établit tous ses raisonnemens ; mais elle les établit sur un fondemunt qui est absolument faux. *Memoire page 62. jusques à 82.*

Cette Procedure avoit esté faite par des Juges entierement dévoüez à la Dame Rolland. Le deffendeur s'estoit rendu appellant du Decret d'informer, & de toute l'instruction du Procez. Son appel ayant esté relevé au Parlement de Provence, la dame Rolland y fit apporter une grosse de la Procedure. Le sieur de Caille ayant appris qu'on l'y faisoit parler autrement qu'il n'avoit fait, presenta Requeste le 20. Fevrier 1703. pour faire rapporter l'original de l'Interrogatoire ; ce qui fut ordonné par un Arrest du 7. May suivant : mais cette piece importante fut trouvée si defectueuse, si pourrie, & si peu lisible en plusieurs endroits, que n'estant pas en estat d'estre reçûë, on la refusa au Greffe. Le Greffier du Juge de Toulon fâché de ce qu'on y regardoit de si prés, fit diverses sommations à celuy du Parlement d'Aix, pour qu'il eût à la recevoir. Enfin dans l'Acte de remise que l'on en fit au Greffe, il fut fait mention de l'estat où estoit cet Interrogatoire. Et dans la suite le Parlement d'Aix *a cassé toute cette Procedure, & l'a declarée nulle* par son Arrest deffinitif du 14. Juillet 1706.

L'objection qui a paru la plus forte contre le deffendeur, a esté *qu'il ne sçait ni lire ni écrire.* La plûpart des hommes cherchent à prouver leur science, & le sieur de Caille s'est trouvé dans la desagreable necessité de prouver son ignorance. Il paroist par la déposition de plusieurs témoins que l'on a marquez en marge dans l'exposition du fait, & dans la Table, *qu'il n'a jamais rien pû ni voulu apprendre* : Pour sçavoir lire, il faut que les dispositions de l'esprit & du corps se rencontrent ensemble ; les unes & les autres manquoient au deffendeur ; & suivant le langage de presque tous ses témoins, il a toûjours eu de si *grandes fluxions aux yeux*, qu'il ne pouvoit lire qu'avec des peines inconcevables. Ces incommoditez jointes à son humeur extremement *volage*, le dégoûterent si fort de la lecture, *qu'il jettoit ses livres loin de luy avec emportement ; & du Chesne son Precepteur luy avoit toûjours predit qu'il ne sçauroit jamais rien.*

Mais il n'est pas extraordinaire que le deffendeur, quoyqu'homme de qualité, ne sçache pas les choses qu'il devoit sçavoir. Il s'est trouvé des personnes, dont les unes par stupidité, d'autres par indocilité, & d'autres par des incommoditez, n'ont tiré aucun fruit de la bonne éducation qu'ils avoient reçûë. On pourroit citer plus d'une personne de condition qui prouveroit ce que l'on avance : & il y a actuellement à Paris, un homme qui aprés avoir esté huit ans au College, a si peu profité de toutes les peines que l'on avoit prises pour luy, qu'il ne sçavoit seulement pas lire, & qu'il a esté obligé de se mettre en mestier.

Si le Sieur de Caille n'a pas les qualitez brillantes d'un Gentilhomme, il est certain qu'il en a les essentielles, qui sont le cœur, la bravoure & la generosité. Il fait connoître sur tout par cette derniere vertu, & par sa charité envers les pauvres, qu'un Gentilhomme ne se dement jamais. Il en donna des marques dans une occasion qu'il ne sera pas inutile de rapporter icy, pour détruire la mauvaise impression que la dame Rolland veut donner contre le deffendeur dans son Memoire, en disant : *Qu'il avoit chassé impitoyablement les pauvres de la maison d'habitation du Sr de Caille pere à Manosque, dont elle leur avoit fait une donnation entre-vifs en 1698.*

Quand le deffendeur fut conduit à Manosque lieu de sa naissance, pour s'y faire connoître, accompagné de M. de Boyer d'Aguilles son Rapporteur, il passa devant cette maison de son pere ; il la reconnut, & s'arrestant, il embrassa tout en larmes les grilles des fenestres basses, & dit aux pauvres de la Charité qu'il vit paroître : *Vous estes de-*

dans, & moy qui suis le fils de la maison, je suis dehors, mais je ne vous en chasseray pas. Le cœur du sieur de Caille parla dans cette occasion : il auroit effectué sa promesse, si depuis l'Arrest qui luy a rendu son Estat, les Administrateurs ne luy avoient pas disputé la proprieté de cette maison ; & si, en voulant conserver ce bien aux pauvres par un moyen aussi odieux, ils ne luy en avoient pas fermé les portes, & n'avoient pas déposé & fait déposer contre luy dans les Enquestes, en le traitant d'imposteur. De sorte qu'il n'y a pas de raison de l'accuser *d'avoir chassé les pauvres impitoyablement ;* puisque ç'auroit esté en quelque façon tomber d'accord que les Administrateurs de la Charité l'avoient méconnu avec justice, s'il les eust laissé en possession de cette maison.

Il est bon de remarquer que la dame Rolland, qui voudroit faire un si vain étalage de sa charité, n'estoit liberale que du bien du deffendeur son neveu, puisqu'elle ne fit cette donnation qu'en 1698. & qu'elle sçavoit parfaitement bien qu'il s'estoit sauvé d'auprès de son pere dès l'année 1690. ce qui a esté prouvé par les dépositions de la Dame de S. Juers, & de 25. temoins que l'on a déja citez : de plus la Dame Rolland avoit dit elle-même en 1697. *que son neveu de Caille n'estoit pas mort.* Mais après tout croit-elle prouver la prétenduë iniquité de l'Arrest, parce qu'il luy plaist de dire que le sieur de Caille a esté impitoyable envers les pauvres de Manosque ?

Enfin il est certain qu'à examiner sans prévention l'air, les manieres, & la figure du deffendeur, personne ne le prendra pour estre d'une aussi basse extraction que ses Parties adverses l'avoient voulu faire passer. La blancheur de ses bras & de son corps, la delicatesse de ses mains, & la finesse de sa peau, sont des choses incompatibles avec le mestier meftier de Cardeur, & celuy de Marinier de Rame. Tout le monde fçait que ces fortes de gens ont les mains pleines de calus & de duretez, & la peau tres-groffiere, fur tout les Mariniers de Rame, qui eftant à demy nuds & expofez à l'air de la Marine, & à l'ardeur du Soleil, ont toûjours la peau noire & brûlée.

Il eft inutile d'ajoûter icy que ceux des témoins qui ont fait le portrait du veritable *Pierre Mege*, l'ont dépeint tres-different du deffendeur; & qu'un tres-grand nombre d'autres, & même des parens de *Pierre Mege*, & deux de fes oncles, ont avoüé franchement ne pas reconnoître *Pierre Mege* en la perfonne du deffendeur.

Si on s'attachoit à tous les endroits du Memoire qui meriteroient d'eftre relevez, on courroit rifque d'approcher trop de la longueur dont il eft; on parlera feulement en paffant de quelques contradictions manifeftes qui s'y rencontrent.

La Dame Rolland voulant perfuader que le deffendeur n'eftoit pas fils du Sr de Caille, dit: *Qu'il aborda quatre femmes, qu'il en feduifit une, que les trois autres, qui font la belle-mere, & les belles-fœurs, y donnerent les mains; qu'il profita de leur travail; qu'il prit le nom & la place du mary dont la mort n'eftoit pas certaine; qu'il difpofa des rentes, qu'il reçut les revenus, qu'il donna des quittances fous le nom du mary legitime, &c.* A quoy elle ajoûte quelques lignes plus bas: *Peut-on fe perfuader que c'eft le fils du Sr de Caille qui a exercé ces infames emplois?* Donc, felon la Dame Rolland elle-même, ce prétendu *Impofteur* n'eftoit pas *Pierre Mege*; car s'il l'eut efté effectivement, on ne l'accuferoit pas aujourd'huy, comme on le fait, *d'avoir feduit fa femme, fa mere & fes fœurs.* En un mot il ne tombe pas fous les fens, qu'il pût eftre celuy dont il prenoit la place.

Pag. 21. du Mem.

Ne pourroit-on pas plus justement dire, que c'est icy *que l'esprit est la dupe de l'imagination.* Voilà une contradiction assez forte; quand on s'égare ce n'est pas pour un peu. Passons à une autre qui ne l'est pas moins.

Pag. 112. 114. & autres du Mem.

La Dame Rolland parle de divers Enrôllemens de *Pierre Mege; l'un de Pierre Mege de Joucas fait à Messine en 1676. un autre de Pierre Mege dit sans Regret, de Marseille, âgé d'environ 25. ans, du 11. Fevrier 1694.* que le deffendeur a desavoüé au Procez, *& le dernier est encore de Pierre Mege dit sans Regret, du lieu de Joucas en Provence, âgé de 25. ans, taille cinq pieds cinq pouces, cheveux noirs, marié avec Honnorade Venelle, enrôlé pour Soldat sur la Galere la Fidelle, le 5. Mars 1695. &c.*

C'est ce dernier Enrôlement que le deffendeur a avoüé estre de luy au Procez jugé par le Parlement de Provence, quand il vivoit dans le desordre avec *Honnorade Venelle.* L'âge & la taille qui y sont marquez luy conviennent parfaitement : mais il est à propos de faire remarquer comme tous ces Enrôlemens confrontez l'un avec l'autre prouvent clairement qu'il y a eu deux hommes qui ont porté le nom de *Pierre Mege.* La Dame Rolland dit : Que *Pierre Mege de Joucas s'est enrôlé à Messine sur la Galere la Fidele, le 16. Avril 1676.* Quelques pages aprés elle rapporte un Extrait du Registre de la Communauté de Marseille de

Pag. 116. 117. & 137.

1694. qu'elle *assure estre tres-fidele, & ne pouvoir estre attaqué ;* par lequel il paroist que *Pierre Mege, dit sans Regret, avoit 25. ans ;* si en 1694. ou en 1695. ce second *Pierre Mege* avoit 25. ans, il n'en auroit donc eu que sept en remontant à ce premier enrôlement de 1676. si ç'eût esté le même homme : cependant il a esté prouvé au Procez qu'en 1676. le veritable *Pierre Mege* avoit 19. ou 20. ans; ainsi si le veritable *Pierre Mege* avoit 20. ans en 1676. n'en auroit-il eu que vingt-cinq dix-huit ans aprés en 1694. ou 1695. Voilà par exemple, ce qui s'appelle de vrayes *Impossibilitez physiques.*

Il faut sans doute que le Sieur Rolland n'ait pas vû les épreuves des feüilles où sont toutes ces dattes, il n'auroit pas manqué, suivant sa loüable coûtume, de les reformer pour les faire quadrer à son sistême. Il ne doit pas s'étonner si l'on parle de cette sorte, la Dame sa femme n'a pû s'empêcher d'avoüer dans son Memoire, que *le Sr Rolland son mary avoit fait quelques changemens dans les Revelations de sept ou huit temoins ; que cela ne consistoit que dans quelques corrections d'orthographe, & dans le changement de quelques dattes.* Il est vray qu'on ajoûte, *Que ce n'est qu'une minutie qui ne meritoit pas la peine d'estre relevée.* Pag. 189.

On voit bien certainement que le Sr Rolland n'est pas homme à s'épouvanter de ces sortes de *Minuties.* Il faut cependant luy rendre justice; on ne peut pas pousser l'exactitude plus loin qu'il l'a fait; il n'a commis qu'une vingtaine de faussetez par le seul amour de *l'Orthographe*, & de *la Chronologie.*

Mais, à parler serieusement, se peut-il qu'un Avocat General d'une Cour superieure traite de *Minuties* des alterations faites de sa propre main, dans un cayer original des Revelations de témoins d'un Monitoire, qu'un Curé a eu la lâche complaisance de luy abandonner, quoique cela deût être une chose sacrée & d'un secret inviolable; surtout dans une affaire importante dont les dattes font le nœud & la décision, & où une seule datte changée est essentielle, & d'une consequence infinie?

Il y a 16. témoins de la propre Enquête de la Dame 98. 99.
Rolland qui se plaignent *de ce qu'on leur a fait dire des cho-* 100. 102. 103. 106.
ses dans leurs révelations dont ils n'avoient point parlé, tant

107. 114. sur la taille, la voix & la figure de *Pierre Mege*, que sur
116. 117. 137. 140. d'autres faits particuliers, qui se plaignent *qu'on y a changé
148. 155. des dattes*, & qui disent: *qu'au lieu qu'ils avoient dit dans
156. 162. R. leur révelation, ne connoître Pierre Mege que depuis 5. ou 6.
ans, on y avoit mis 18. ou 20. ans*: & ils ont désavoüé ces changemens en déposant en Justice: cela fait voir de quelle consequence étoit la moindre alteration d'une seule datte ou d'un seul mot; car les témoins qui déposent qu'ils ont connu le Deffendeur pour *Pierre Mege* depuis 7. ou 8. ans, ne prouvent rien contre luy, puisqu'il a porté ce faux nom depuis ce temps-là; mais si à ces chiffres on adjoûte un 1. ou un 2. cela fait 17 ou 28 ans, qui sont des époques aussi contraires au Sieur de Caille qu'elles le sont à la verité.

On ne fait point ces remarques pour toucher en quoy que ce soit l'affaire au fond, mais pour faire voir en passant, de quelle consequence étoient ces alterations du Sieur Rolland qu'on traite de *minuties*.

La maniere dont le Sieur Rolland fit faire pour la Dame son épouse, l'enquête contraire à celle du Sieur de Caille donne à connoître clairement laquelle des deux parties avoit la verité pour soy. Du côté de la Dame Rolland, on voit une affectation recherchée pour embroüil-
65. 67. ler la procedure, des témoins subornez, des gens d'affai-
154. 185. 199. 201. res corrompus, des révelations de Monitoire alterées, le
203. 229. fer & le poison employez: au lieu que du côté du Deffen-
232. 179. 188. 189. deur on voit une franchise & une sincerité parfaites, des
207. 217. pieces valables, des témoins veridiques; on voit un accu-
273. 326. sé qui demeure volontairement *en prison* pendant plusieurs
187. 193. 208. 221. années, qui ne veut pas profiter d'une occasion que ses
&c. C. ennemis luy fournissoient exprés pour le faire sauver, pendant que tous les autres prisonniers s'évadent; quoiqu'il

fût à la veille de ſon Jugement, & que tout le monde luy aſſeurât que le Parlement étoit contre luy; un homme qui reffuſe pluſieurs fois des ſommes d'argent qu'on luy offroit pour le faire diſparoître, un homme enfin à qui on met en vain le piſtolet ſur la gorge pour le forcer à ne ſe plus dire le fils du Sieur de Caille, & qui cependant aimoit mieux reſter dans le déplorable état où il étoit, & s'il faut ainſi dire, mourir martyr de la verité, que de renoncer à ſon nom & à ſa condition. Sont-ce là encore de ces faits où *l'eſprit credule devient la duppe de l'imagination*? Les vains raiſonnemens, les ſubtilitez de la Dame Rolland, ne doivent-elles pas ceder à la réalité qui les détruit?

Voyez les témoins marquez dans la Table.

On a accuſé le Deffendeur d'avoir commis pluſieurs fauſſetez comme étant *Pierre Mege*, en recevant ſous ce nom quelques petites ſommes comme mary d'Honnorade Venelle; ſur quoy on le traite *de fripon, de ſcelerat, d'adultere*, & de diverſes autres epithetes de cette ſorte, qui ſont les meilleures raiſons de la Dame Rolland. Encore une fois il n'étoit donc pas *Pierre Mege*; car s'il l'eut eſté effectivement, ce qu'il a reçû luy appartenoit, & on ne peut pas l'accuſer d'avoir fait des fauſſetez comme Mege, qu'on ne le reconnoiſſe Caille.

Mais ces prétenduës fauſſetez dont on accuſe le Deffendeur ſont-elles comparables à celles qu'a commiſes le Sr Rolland? Celles du Deffendeur ne nuiſoient à perſonne, & ne faiſoient tort qu'à luy-même; celles du Sr Rolland alloient à dépoüiller un légitime heritier, & à faire perir un innocent. Le Sieur de Caille n'a tiré pour tout bien d'Honorade Venelle que la rente de douze francs par an; & le Sieur Rolland plaidoit pour s'approprier un bien conſiderable dont il étoit en poſſeſſion.

Il n'y avoit que le veritable *Pierre Mege* seul, qui pouvoit demander justice de ce que le Deffendeur avoit pris son nom; Honnorade Venelle bien loin de s'en plaindre l'a redemandé comme étant son mary; mais l'honneur, la Justice, les Loix condamnent le Sieur Rolland qui vouloit retenir un bien, aux dépens du sang de celuy à qui il appartenoit.

Quelle difference ne doit-on pas faire entre un infortuné sans appuy, sans ressource, qu'une fausse crainte jointe à la misere avoit réduit à être Soldat, que son peu d'intelligence exposoit à la mauvaise volonté de ses ennemis, & qui n'a couru risque de se perdre que pour avoir suivi avec trop de franchise les conseils artificieux de leurs emissaires cachez; & un homme établi, revêtu d'une Charge considerable, & entendu dans les affaires comme l'est le Sieur Rolland?

Quelle difference enfin n'y a-t'il pas entre un homme du caractere simple du deffendeur, un homme jeune & sans experience, qui sans connoître les consequences de ce qu'il faisoit, n'a passé quelques actes en qualité de *Pierre Mege*, que pour soutenir un faux nom qui l'aidoit à se cacher; & un homme comme le SrRoland, d'un âge consommé, nourri dans la procedure, élevé dans le Palais, un Magistrat, un Avocat General d'un Parlement, dont toutes les démarches doivent être selon l'équité, qui corrompt des gens d'affaires, suborne des témoins, altere des révélations, & falsifie des pieces. Dans la place qu'il occupe les moindres manquemens sont autant de fautes considerables; il y devroit servir de modele de probité; bien loin de là, celuy qui devroit demander la punition du crime, est celuy même qui l'autorise par son exemple.

Voudra-t'on aprés cela égaler les faussetez du Sieur Rolſand à celles du Sieur de Caille ? La crainte, la neceſſité, de mauvais conſeils ont fait faire les unes ; l'intereſt ſordide, l'inhumanité ont fait faire les autres.

D'ailleurs c'eſt le deffendeur qui s'étant declaré en Juſtice fils du Sieur de Caille, s'eſt accuſé luy-même d'avoir pris auparavant le faux nom de *Pierre Mege* quand il s'étoit enrôlé ; & l'on a trouvé cette faute ſi legere, ſur-tout dans les circonſtances où elle avoit eſté commiſe, que M. le Procureur General du Parlement de Provence n'a fait à ce ſujet aucun Requiſitoire contre luy.

Bien loin que l'aveu que le ſieur de Caille a fait de ſes manquemens, & des fautes où l'ignorance & la neceſſité l'ont fait tomber, doivent luy nuire, il eſt naturel de dire au contraire, que cette naïveté avec laquelle il les a avouées, eſt un gage aſſuré de ſa ſincerité dans tout ce qu'il a avancé ; ainſi *ce Soldat de Marine*, *ce* pretendu *fils de Forçat de Galere*, *ce malheureux* ; & pour repeter l'injure pompeuſe & poëtique dont la Dame Rolland croit accabler le deffendeur, *ce vil enfant de la terre, qui ne peut joüer le perſonnage d'impoſteur qu'en faiſant l'infame recit d'une vie remplie d'ordures & de proſtitutions, & qu'en s'avoüant coupable d'un tiſſu de fauſſetez*. Cet homme, dans le fond, pour parler plus naturellement, eſt un fils infortuné, qui fuïant les cruautez d'un pere dont le cœur dementoit la qualité, a eſté reduit par la neceſſité de vivre, à prendre & à ſoûtenir quelque temps un *perſonnage* qui luy en donnoit les moyens ; & qui a avoüé ſes fautes avec franchiſe, lorſqu'il a falu découvrir pleinement la verité devant ſes Juges.

Page 59. du Memoire.

Les demandeurs ſe rapportent en une infinité d'endroits de leur Libelle *au jugement du public* ſur la deciſion de l'affaire dont il s'agit. Mais il n'eſt pas poſſible ſur la ſimple lecture d'un Memoire de l'une des Parties, de juger ſainement d'une question d'Estat, & d'une Affaire criminelle aussi importantes, où il y a eu plus de six cens temoins d'entendus, une involution prodigieuse de Procedures, cinq à six mille Pieces produites; & enfin qui a occupé pendant prés de huit ans un Parlement rempli de Juges aussi integres qu'éclairez.

Le Memoire rapporte une Liste fort ample d'un grand nombre d'Imposteurs de divers temps & de differents païs, qui ont porté la peine de leurs crimes. Cela prouve beaucoup d'érudition, & une lecture profonde dans l'Auteur: mais en quoy, *le faux Alexandre, surnommé le Roy des Imposteurs, le faux Baudoüin, le faux Martin Guerre, le faux Adaoust, & tant d'autres*, prouvent-ils *que le Sr de Caille est Pierre Mege?* La Dame Rolland prouve elle-même par ses injures qu'il ne l'est pas.

Pag. 84. 86. 146. 178. &c. du Mem.

On est persuadé que ceux qui ont confondu ces Imposteurs fameux, n'ont employé contre eux aucunes Pieces falsifiées, ni suborné aucuns témoins, ni certainement alteré aucunes Revelations de Monitoires. C'est par la verité seule qu'on a fait connoître leur Imposture. Quand on a une bonne cause, on n'employe que de bons moyens pour la deffendre; jamais la verité ne fut prouvée par le mensonge; ce seroit blesser sa pureté. Le sieur Rolland a t'il tenu le même procedé dans l'Instance de *pretenduë supposition* qu'il avoit intentée contre le deffendeur? Qu'il soit sincere & droit au moins une fois en sa vie, & qu'il avouë ce qui en est.

Dans ce que l'on dit, ou dans ce qu'on écrit pour le sieur de Caille tout est sincere, tout est vray: dans ce que l'on dit ou dans ce que l'on écrit pour le sieur & la Dame Rolland tout est artificieux, tout est alteré.

Qui doit donc passer pour Imposteur, ou de celui à qui on en donne le nom sans qu'il l'ait merité par aucuns crimes, ou de celuy

celuy qui par mille actions en a merité le nom, que ses seuls partisans ne luy donnent pas ?

Il est vray que le sieur Rolland rapporte des Certificats authentiques du Parlement de Grenoble, & du feu sieur Cardinal le Camus, pour prouver la sincerité de sa conversion, & sa probité. Les personnes qui occupent de certains postes devroient n'avoir pas besoin de se justifier ; un certificat de probité leur fait tort, cela marque qu'il leur estoit necessaire : cependant aprés ceux que rapporte le Sr Rolland on ne doute nullement de la sienne par les formes ; mais pour le fond, c'est le Parlement d'Aix qui en decidera, en statuant sur les cinq crimes capitaux dont le Sr Rolland est accusé.

Le sieur de Caille ne relevera plus aucunes des calomnies artificieuses, ni des mensonges pleins d'imposture, dont le libelle est tissu ; ceux qu'il a découverts suffisent pour faire juger de tous les autres.

Il ne s'attachera qu'à justifier une verité fatale, dont il s'estimeroit trop heureux d'achepter la fausseté au prix de tout son sang ; c'est le *desaveu de son Pere*. Il se souvient toûjours qu'il est Fils, quoique son Pere n'ait que trop oublié à son égard qu'il estoit Pere.

Ce n'est qu'avec une douleur, aussi amere que profonde, qu'il se trouve obligé malgré luy, pour la deffense de son honneur, qui luy est mille fois plus cher que sa vie, de se plaindre du peril ignominieux, où son Pere l'avoit exposé ; son cœur desavouëroit encore sa bouche, si la verité dominante ne luy deffendoit de la desavouër elle-même. Enfin sans blesser la sensibilité de son cœur, & sans méconnoître l'empire de la verité, il satisfera l'une & l'autre en gardant le silence, & en laissant parler son deffenseur.

L

P. 37. du memoire.

On ſçait bien *qu'il n'eſt pas naturel de penſer qu'un Pere ſoit aſſez denaturé pour deſavouër ſon fils unique , & pour le livrer entre les mains d'un Bourreau.* L'on ſe recrie auſſi, parceque cela *n'eſt pas naturel, que cela ne ſe peut pas concevoir*; Et que cependant cela eſt. On eſt trés perſuadé *que la nature n'eſt point muette* dans le cœur du ſieur de Caille le pere. Il y a des témoins de ſes remords qui lui ont entendu dire *qu'il ne ſe repentoit que trop d'avoir deſavoüé ſon fils, & qu'il voudroit qu'il lui en eût coûté la main & ne l'avoir pas fait.*

Il eſt des gens d'un caractere incapable de reculer , quand ils ont fait le premier pas. Ils croyent qu'il leur ſeroit plus honteux de reparer leurs premiers manquemens, que d'y en ajoûter de nouveaux pour les ſoutenir. On ſe fait en ſoy même un merite d'une fermeté outrée. Il eſt des vertus apparentes , qui ne conſiſtent que dans l'art de donner un beau nom à de grands vices ; l'opiniâtreté eſt de ce nombre , ſur tout en matiere de fauſſe Religion ; l'entêtement & la vanité y tiennent le plus ſouvent lieu de zele.

Ce ſont ſans doute de pareils ſentimens qui ont engagé le ſieur de Caille à continuer le premier deſaveu, qu'un mouvement de colere & d'indignation luy aura fait former contre ſon fils ; l'orgüeil le luy a fait ſoutenir , aux dépens même de ſon cœur.

Nous n'avons que trop d'exemples dans tous les temps, de Peres en qui la cruauté , ou d'autres paſſions violentes , ont dementy cette qualité ſi tendre , en faiſant perir inhumainement leurs Enfans. Les uns l'ont fait par ambition , d'autres par colere, d'autres par un intereſt ſordide , d'autres ſur-tout par un attachement aveugle à leur religion.

Tous les motifs les plus violents ſe ſont réünis dans le cœur du ſieur de Caille contre ſon fils. L'averſion naturelle qu'il a toûjours eû pour luy, qui sembloit justifiée par le peu de talens qu'il luy trouvoit; cette aversion qui est d'autant plus dangereuse, qu'elle rompt imperceptiblement tous les liens naturels; l'ambition qui le faisoit souffrir cruellement de se voir un unique heritier, qu'il trouvoit indigne de l'estre; l'interest, qui luy faisoit apprehender que son fils outré de ses mauvais traitemens, ne luy donnât pas les mêmes secours que le sieur Rolland luy procuroit; enfin l'indignation & l'emportement prodigieux dont la difference des Religions peut remplir le cœur d'un Pere aveuglement attaché à la sienne.

Quoyque celle dont est le sieur de Caille le pere, ne permette pas l'homicide, un homme qui la suit peut en être capable. Une fausse Religion auroit-elle plus de pouvoir sur ses Sectateurs que la veritable n'en a sur ceux qui la suivent, par qui l'on voit cependant violer tous les jours les Loix les plus saintes?

La Religion du Sieur de Caille peut *luy deffendre* à la verité de *désavoüer son fils*, mais son entêtement à ne se pas dédire, luy suggerant le contraire, est préferablement écouté. Il est vray que la nature s'y oppose; mais la nature ne doit plus parler en sa faveur: Il l'a trop méconnuë pour qu'elle puisse le justifier.

Les Loix Romaines avoient autrefois accordé aux peres le droit de vie & de mort sur leurs enfans, & les Loix Grecques n'avoient désigné aucun supplice pour les enfans parricides. Les Legislateurs Romains croyoient ne point hazarder la vie des enfans en la soumettant à la volonté de leurs peres; & les Legislateurs Grecs s'étoient persuadez qu'il ne se pourroit trouver aucun homme assez dénaturé pour ôter le jour à celuy de qui il l'avoit reçû. Cependant une fatale experience n'apprit que trop depuis de quoi les hommes sont capables quand ils s'abandonnent à eux-mêmes; quand ils oublient leurs devoirs, & s'écartent des voyes de la raison, pour ne suivre que l'impetueux torrent de leurs passions; c'est ce qui augmenta la severité des Grecs, & modera celle des Romains.

Si l'on rappelloit les histoires des siecles éloignez, on verroit un nombre considerable d'enfans qui ont été les victimes sanglantes de la politique, de la jalousie & de l'ambition de leurs peres, ou de cette ferocité outrée qu'ils honoroient du beau titre de discipline severe. Brutus ne fit-il pas trancher la teste à ses deux fils devant ses yeux, parce qu'ils avoient conspiré contre la liberté de Rome? Manlius Torquatus n'eut-il pas la même cruauté pour son fils, dont tout le crime étoit une valeur un peu trop vive? Dom Carlos ne paya-t-il pas par son sang la jalousie qu'il avoit donnée à son pere? Si de vaines idées de liberté & de discipline, & si de jaloux transports ont été capables d'animer des peres, jusqu'au point de vouloir rassasier leurs propres yeux du spectacle barbare de leurs fils mourans, qu'ils avoient toûjours cheris avec tendresse jusqu'au moment de leur faute; à combien plus forte raison le motif de la Religion qui a le plus de pouvoir & le plus d'empire sur le cœur de l'homme, peut-il exciter la colere & la haine d'un pere contre un fils, pour qui il n'avoit jamais eu que de l'antipathie?

L'établissement de la Religion Chrétienne a fait voir plus d'une fois les mains des peres aveuglez par le Paganisme, teintes du sang de leurs enfans Chrétiens.

Mais pourquoy chercher dans les siecles passez des exemples de l'excez où se peut porter un pere irrité contre son fils, pour avoir changé de Religion? Nous en avons un de nos jours, dont le seul recit fait horreur.

Un Prince d'Allemagne Lutherien ayant appris que son fils & ses deux filles avoient embrassé la Foy Catholique, se laissa tellement emporter à la fureur aveugle de la fausse Religion, qu'il plongea luy-même un poignard dans le sein de ce fils unique, que le seul changement de Religion avoit rendu coupable à ses yeux. * *Tantum Religio potuit suadere malorum.* Les deux filles infortunées de ce Prince n'éviterent un pareil malheur que par la fuite. L'aînée est morte depuis, & la cadette est actuellement à Paris, où le Roy toûjours protecteur de la vertu, & zelé deffenseur de la Religion Catholique luy fait une pension.

* Lucrece l. 1.

Ce terrible & triste exemple d'un zele furieux, est une preuve aussi vraye qu'effrayante, que la difference de Religion est capable d'étouffer la voix de la nature dans le cœur d'un pere. Le deffendeur ne confirme que trop cette verité par la malheureuse experience qu'il en a faite, lorsqu'il s'est vû en danger de perdre la vie, par le desaveu de celuy qui la luy avoit donnée.

Enfin la Dame Rolland finit son Libelle *par la refutation qu'elle fait d'une nouvelle calomnie qui se repand*, à ce qu'elle dit, *dans le monde au sujet d'un bâtard.* Elle interroge ensuite le deffendeur : *En quel temps, & en quel lieu ce bâtard estoit né? Si c'est à Manosque ou à Lausane? S'il estoit son contemporain? Plus jeune ou plus vieux que luy?*

A toutes ces questions le Sr de Caille ne peut rien répondre. Il ne sçait certainement quoy que ce soit de ce qu'on luy demande ; ce sont des choses dont un pere ne fait jamais confidence à son fils. Le Sr Rolland qui feint d'interroger là-dessus le deffendeur, en sçait sans doute beaucoup plus que luy ; puisqu'on peut avancer, selon le bruit commun de Provence, qu'il a prié, & même fortement pressé un des témoins de son Enqueste, de ne point parler de ce bâtard.

Il eſt à croire cependant, s'il y a quelque choſe de réel dans ce bruit, qu'il s'éclaircira mieux dans la ſuite, tant par les Informations faites en execution de l'Arreſt du Parlement d'Aix du 14. Juillet 1706. que par celles qu'on continuë de faire en la même Cour en vertu de l'Arreſt du Conſeil du 18. Juillet dernier.

Mais cela n'a nul rapport avec l'Inſtance de caſſation dont il s'agit uniquement au Conſeil ; ainſi il eſt fort inutile d'en parler : ſur-tout puiſque le Parlement d'Aix a jugé la queſtion d'Eſtat du Sr de Caille, ſans avoir eu aucune connoiſſance du fait de ce bâtard.

Le deffendeur s'en tient préciſément à ſes défenſes juridiques : il a détruit plûtoſt que debattu les frivoles moyens de caſſation de la Dame Rolland. Les fins de non-recevoir inconteſtables qu'il a expliquées, font voir que le Conſeil ne connoît point des Affaires Criminelles & Capitales au fonds ny dans la forme ; que le Procès qu'il a ſoûtenu au Parlement d'Aix a toûjours eſté Criminel, & regardé comme tel depuis le commencement juſques au Jugement deffinitif ; & qu'en un mot par la Regle *non bis in idem*, une queſtion d'Eſtat, ni une affaire Criminelle, ne peuvent plus eſtre jugées une ſeconde fois, tant la vie des hommes, & le repos des familles ſont precieux à l'Etat & à la Societé Civile.

C'eſt ce qui fait eſperer au Sieur de Caille, qu'au Tribunal auguſte du Conſeil, où il ſoûtient la juſtice & la validité de ſon Arreſt, les Loix & l'équité feront en ſa faveur pour la forme, ce que dans le fond la verité a fait pour luy au Parlement de Provence.

LAUTHIER, Avocat.

TABLES TRES-IMPORTANTES DES PRINCIPAUX Témoins de l'Enqueste de Mr. de Caille, & de la contraire Enqueste de M. Rolland, qui en déposant sur les faits décisifs du Procés, ont été favorables à Monsieur de Caille.

Témoins de l'Enqueste de M. de Caille.

3. 4. 5. 6. 8. 14. 16. 19. 21. 22. 23. 24. 25. 27. 28. 33. 47. 50. 51. 52. 54. 58. 61. 64. 71. 72. 76. 77. 80. 81. 83. 86. 93. 94. 95. 98. 99. 102. 111. 116. 124. 137. 138. 140. 156. 159. 168. 169. 172. 208. 237. 238. 287. 364, &c.	Qu'il a eû dès sa naissance, les yeux chargez & chassieux, les jouës enfoncées, les os des jouës relevez, le menton pointu, les jambes menuës, les dents brunes & gâtées.
10. 14. 27. 33. 47. 51. 52. 54. 64. 72. 76. 80. 84. 85. 86. 87. 93. 95. 109. 111. 113. 114. 117. 122. 124. 138. 172. 174. 152. 153. 287. 292. 323. 364, &c.	Qu'il ne pouvoit & ne vouloit rien apprendre, ni à lire ny à écrire, qu'il jettoit ses livres avec emportement, & qu'il avoit peu d'esprit dans son jeune âge.
16. 22. 25. 27. 33. 50. 64. 72. 77. 81. 83. 84. 86. 93. 94. 106. 117. 122. 138. 287, &c.	Qu'il étoit d'une humeur volage, folastre, & en même temps emportée.
11. 22. 43. 111. 154. 236. 247. 340. 389. &c.	Qu'il avoit beaucoup d'ardeur pour la Religion Catholique.
18. 19. 310, &c.	Entestement du Sr de Caille le pere, pour la religion protestante.
10. 14. 28. 38. 43. 47. 60. 94. 97. 107. 111. 113. 116. 125. 178. 200. 236. 320. 370. 380. 334. &c.	La haine qu'il a toûjours eûë pour le deffendeur son fils, le peu de cas qu'il en faisoit; il l'enfermoit quand il venoit du monde, n'aimant pas qu'on le lui demandât, le maltraitoit cruellement, il en porte encore les marques: & disoit: *qu'il le tuëroit plutôt que de*

lui laisser manger d'un autre pain que celuy qu'il mangeroit lui-même.

1. 23. 59. 69. 83. 84. 102. 138. 146. 154. 171. 248. 265. 287. 292. 293. 322. 329. 339. 360. 361. 369. 377. 384. &c. Que le sieur de Caille fils; s'est sauvé d'auprés de son pere, par consequent qu'il n'est pas mort; qu'il y a du mistere dans cette mort; que son pere avoit fait traiter & enterrer une autre personne sous le nom de son fils; qu'il se repentoit vivement de l'avoir desavoué.

20. Qu'aprés s'estre sauvé de chez son pere, il trouva près de Turin un Muletier de Provence, à qui il se fit connoitre pour fils de M. de Caille: dont il reçût quelques secours, & dont il ne voulut pas recevoir un écu, *dans la crainte*, lui dit-il, *d'estre tué & de ne le luy pouvoir pas rendre.*

186. 229. Qu'il reçeut en 1691. un passeport de M. le Maréchal de Catinat, auquel il avoua qu'il étoit fils de M. de Caille.

208. 229. Qu'ayant reconnu la même année 1691. à Nice, un bassin d'argent, marqué à ses Armoiries, il ne pût retenir ses larmes, & que cela éclatta dans la Ville, où il fut connu pour le fils de M. de Caille.

57. 182. Qu'il s'est dit encore fils de M. de Caille en 1697. & 1698. pour se faire considerer, quoiqu'il portât alors le faux nom de *Pierre-Mege*.

19. 20. 33. 43. 68. 83. 98. 103. 106. 112. 114. 115. 129. 133. 134. 156. 159. 169. 174. 180. 209. 236. 272. 286. &c. Que le Sr de Caille fils, a quelques airs de ressemblance de la Dame Rolland sa Tante maternelle

nelle, de la Dame Dulignon sa Tante paternelle, de la Dame de Caille sa grand'mere, de son ayeul, enfin de son pere & de sa mere, aussi bien que d'autres parens & parentes.

15. 17. 26. 69. 184. 188. 193. 184. 384. &c. Qu'il a esté reconnu par ses parens qui n'avoient rien à prétendre sur ses biens.

8. 10. 16. 23. 24. 25. 42. 43. 47. 54. 64. 69. 72. 76. 78. 80. 81. 83. 94. 117. 124. 152. 169. 224. 300. 386. &c. Qu'il a reçu dans sa jeunesse un coup de pierre sur le sourcil gauche, dont il fait voir la cicatrice.

24. 25. 34. 42. 43. 45. 54. 64. 69. 72. 76. 78. 80. 104. 120. 124. 138. 159. 168. 200. 224. 300. 386. &c. Qu'il a esté sujet dans son bas âge à des humeurs froides, qui sont un mal de famille, & qu'ayant eu mal à un genouil, on lui donna des coups de lancette; dont il montre les cicatrices.

34. 42. 43. 54. 80. 120. 386. &c. Qu'il avoit apporté en naissant une oreille entierement colée à la teste, d'où on l'a separée par une operation de chirurgie, dont il fait voir la marque.

35. 171, &c. Qu'il avoit eu mal à un pied, sur lequel les Chirurgiens ont travaillé, dequoy il montre encore la cicatrice.

42. 43. 69. 272. 300. 371. &c. Qu'il a un os pointu derriere la teste de même que son Pere.

23. 50. 60. 69. 72. 111. 300. &c. Qu'il avoit reçû dans sa jeunesse des coups de lancette sous les yeux, pour le guerir des fluxions considerables qu'il y avoit, ce qui paroît encore.

33. 43. 50. 51. 52. 61. 64. 72. 76. 77. 81. 83. 94. 112. 116. 125. 152. 174, &c. Qu'il a toujours eu dés son enfance, les cheveux fort bruns, pendants & abbatus comme des méches.

M

18. 27. 33. 52. 61. 64. 68. 71. 81. 83. 84. 94. 104. 106. 111. 364. &c.

Qu'il n'avoit que 14 à 15 ans lors de sa sortie du Royaume en 1685. avec son Pere; & qu'il n'a qu'environ trente sept à trente huit ans en 1705.

81. 93. 116. 276. &c.

Qu'il avoit la voix gresle & feminine.

42. 46. 59. &c.

Qu'il a fait un portrait très-exact de la personne de son Pere, qu'il a designé des marques particulieres qu'il a sur le corps, & qu'il a reconnu son écriture, & celle de sa Grand-mere.

35. 300. &c.

Qu'il sçait parfaitement la situation de la maison, où il habitoit à Lausanne.

377.

Le sieur de Caille Pere, assure positivement que son fils est mort entre ses bras; cependant luy étant à Lausanne, la Damoiselle sa fille revient de Vevay en habit de duëil, & luy dit qu'elle vient de faire enterrer son frere, d'où il s'ensuit qu'il n'étoit pas mort entre les bras de son Pere.

60. 62. 63. 73. 150. 151. 167. 176. 177. 179. 208. 229. 362. 363. 365. 368. 372. &c.

Le veritable Pierre Mege est méconnu en la personne du Sr de Caille fils, étant d'une figure toute differente; le propre frere de Pierre Mege, & Honorade Venelle, elle-même avouënt que le Deffendeur ne l'est pas.

74. 180. 181. 189. 201. 203. 208. 229. 232. 234. &c.

Le sieur Rolland a corrompu ceux qui avoient le soin des affaires du Deffendeur, par le moyen desquels il luy avoit fait donner de mauvais conseils.

30. 31. 52. 65. 67. 120. 121. 134. 190. 196. 199. 211. 213. 214. 219.

Le Sieur Rolland a suborné un grand nombre de Témoins, où

229. 238. 240. 244. 245. 258. 267. 270. 278. 279. 280. 290. 294. 295. 297. 327. 346. 349. 350. 351. 352. &c.	par luy ou par ses Emissaires, & faisoit tous ses efforts pour empêcher que l'on ne déposât en faveur du Sr de Caille.
179. 188. 189. 193. 207. 217. 273. 326. &c.	Qu'il a fait empoisonner le Deffendeur.
187. 193. 208. 221. &c.	Qu'il a voulu le faire assassiner.
185. 189. 160. 208. 221. 233. 271. 322. &c.	Qu'on a offert inutilement de l'argent au Deffendeur, & qu'on lui a fait des menaces en vain, pour l'empêcher de se dire davantage le fils du sieur de Caille, ou pour le faire sauver.

TEMOINS DE L'ENQUESTE DE Me ROLLAND, qui déposent en faveur de M. de Caille.

15.	Le Deffendeur avoit eu un mal au pied dont il fait voir encore la cicatrice.
167.	Qu'il avoit dès sa jeunesse les yeux chassieux, les os des joües avancés, les cheveux bruns & abbatus, & les jambes menuës.
67.	Qu'il avoit eu mal au genoüil, dont il montre les cicatrices.
59.	Qu'il a de l'air de ses parens, & sur-tout qu'il ressemble à une de ses sœurs.
67.	Qu'il avoit les dents gâtées dès sa jeunesse.
42. 122.	Pierre Mege méconnu en la personne du Deffendeur.
76.	La sœur de Pierre Mege avoüe que le Deffendeur n'est pas son frere; & luy-méme ne peut pas s'empêcher de temps en temps de dire aux

sœurs de Pierre Mege, *qu'elles ne sont que des gueuses, & ne sont pas ses sœurs.*

98. Oncle de Pierre Mege qui ne reconnoît pas le Deffendeur pour son neveu, & qui desavoue toutes les faussetez que le Curé de Roussillon avoit fait mettre dans sa révelation touchant la taille, la figure & la voix du Défendeur, déclarant ne luy en avoir pas ouvert la bouche.

153. Autre oncle de Pierre Mege qui dit que *quand ce seroit plus qu'à la damnation de son ame, le Deffendeur n'est pas son neveu*, & qui nie d'avoir revelé tout ce que luy avoit fait dire dans sa revelation le même Curé de Roussillon.

99. 100. 102. 103. 106. 107. 114. 116. 117. 137. 140. 155. 156. 162. Autres Parens & amis de Pierre Mege, qui déclarent qu'il leur a fait dire plus qu'il n'avoit dit, des choses toutes differentes, enfin ce qu'ils n'avoient point dit; que luy où son frere leur avoient fait signer leurs révelations sans leur lire, & *qu'on y avoit ajoûté des dattes.*

148. Témoin qui affirme *qu'au lieu des dattes de* 5. *ou* 6. *ans, on a mis dans sa révelation celles de* 18. *ou* 20. *ans.*

Monsieur LAUGEOIS D'IMBERCOURT *Rapporteur.*

Messieurs { DE MARILLAC. CHAUVELIN. VOISIN. DE HARLAY. DE NOINTEL. ROUILLE DU COUDRAY. } Commissaires.

www.ingramcontent.com/pod-product-compliance
Lightning Source LLC
LaVergne TN
LVHW020031170826
845678LV00001B/217

* 9 7 8 2 3 2 9 7 3 1 1 1 7 *